朱自清的踪迹

游学欧罗巴

陈武

著

中国文史出版社

图书在版编目（ＣＩＰ）数据

游学欧罗巴 / 陈武著 . -- 北京：中国文史出版社，
2022.9
　（朱自清的踪迹）
　ISBN 978-7-5205-3862-6

　Ⅰ.①游… Ⅱ.①陈… Ⅲ.①朱自清（1898–1948）
—生平事迹 Ⅳ.① K825.6

中国版本图书馆 CIP 数据核字 (2022) 第 197041 号

责任编辑：金　硕　胡福星

出版发行	中国文史出版社	
社　　址	北京市海淀区西八里庄路 69 号院　邮编:100142	
电　　话	010-81136606 81136602 81136603 81136642（发行部）	
传　　真	010-81136655	
印　　装	阳谷毕升印务有限公司	
经　　销	全国新华书店	
开　　本	880×1230　1/32	
印　　张	8.5	
字　　数	158 千字	
版　　次	2023 年 3 月北京第 1 版	
印　　次	2023 年 3 月第 1 次印刷	
定　　价	58.00 元	

前　言

　　朱自清在《我是扬州人》一文里说:"我家是从先祖才到江苏东海做小官。东海就是海州,现在是陇海路的终点。我就生在海州。四岁的时候先父又到邵伯镇做小官,将我们接到那里。海州的情形我全不记得了,只对海州话还有亲热感,因为父亲的扬州话里夹着不少海州口音。"

　　朱自清出生于 1898 年 11 月 22 日。曾祖父朱子擎原姓余,少年时因家庭发生变故而被绍兴同乡朱姓领养,遂由余子擎改名朱子擎。朱子擎成年后,和江苏涟水花园庄富户乔姓人家的女儿成婚,并定居于花园庄,儿子出生时,为纪念祖先而起名朱则余。朱则余就是朱自清的祖父,娶当地吴氏女生子朱鸿钧。朱则余在海州做承审官时,朱鸿钧一家随父亲在海州定居生活。在朱自清出生的第四年,即 1901 年,朱鸿钧到高邮邵伯镇（后归江都）做一名负责收盐税的小官，朱自清和母亲一起到邵伯生活。1903年，朱则余从海州任上退休，朱鸿钧在扬州赁屋迎养，从此便定居扬州。1916年秋，朱自清考入北京大学预科，一年后转读本科哲学系，并于1920年5月毕业。大学读书期间，朱自清受新思潮的启发和鼓舞，积极参加文学社团，从事文学创作，并全程参与以北京大学为中心的五四学生爱国运动。大学毕业后的五年时间里，他一直在江南各地从事中学教学和文学创作，结交了叶圣陶、俞平伯、郑振铎、丰子恺、朱光潜等好友，创作了大量的白话诗、散文和教学随笔，为开辟、发展新文学创作的道路，做出了可喜的成绩和贡献。1925年暑假后，朱自清任清华大学教授，从此开始了一生服务于清华的道路。朱自清的学生季镇淮在纪念朱自清逝世三十周年座谈会上说："清华园确实是先生喜爱的胜地。新的环境安排了新的生活和工作。由于教学的需要，先生开展古代历史文化的研究，自汉字、汉语语法、经史子集、诗文评、小说、歌谣之类，以及外国历史文学，无所不读，无不涉猎研究，'注重新旧文学与中外文学的融合'，而比较集中于中国文学史、中国文学批评史的研究和当代文学评论。"

1937年七七事变，是中国近代史上的一个转折点，也是朱自清生活的一个节点，随着清华大学的南迁，朱自清也一路迁徙，从长沙，到南岳，再到蒙自，再到昆明，一家人分居几处，生活的艰难可想而知。随着抗日战争的不断深入，国民党统治区的物价不断飞涨，朱自清家的生活也陷入了贫困，朱自清的身体健康日益恶化。但朱自清在写作、教学和研究中，依然一丝不苟，奋力拼搏，一篇篇散文和研究文章不断见诸报刊，一本本新书不断出版，表现了一个中国作家、学者的韧劲和自觉。

抗日战争胜利后，朱自清于1946年随着清华大学复员而回到北平，朱自清自觉地加入民主运动，在研究和写作中体现了正直的知识分子的立场，在贫病交加中，由一个坚定的爱国主义者，成为一个革命民主主义者，签名拒绝领取美国救济粮，朱自清在"美帝国主义和国民党反动派面前站了起来"，表现了有骨气的中国人的传统美德和英雄气概。

朱自清一生所处的时代，是近代中国人民觉醒的时代，也是中国社会发生巨大转折的时代，朱自清没有迷失自我，坚定自己的创作、研究和教学，培养了一大批正直的知识分子和社会建设人才，留下了数百万字的作品，成为中国文化的巨大财富。

作为同乡前辈，朱自清一直是我崇敬的偶像，同时我也很早就关注了他的作品。早在1996年，《朱自清全集》在江苏教育出版社出版的时候，我就买了一套，放在书橱最显眼又顺手的位置，随时可以取出来翻一翻、读一读，读他的文学作品、学术专著、语文随笔、旧体诗词，每一次都会有不一样的感受。记得在读叶圣陶的文章《朱佩弦先生》时，说到朱自清的作品，有这样的评论："他早期的散文如《匆匆》《荷塘月色》《桨声灯影里的秦淮河》都有点儿做作，太过于注重修辞，见得不怎么自然。到了写《欧游杂记》《伦敦杂记》的时候就不然了，全写口语，从口语中提取有效的表现方式，虽然有时候还带一点文言成分，但是念起来上口，有现代口语的韵味，叫人觉得那是现代人口里的话，不是不尴不尬的'白话文'。"读了这段话，我还特地把《匆匆》等三篇文章重读一遍，再对照着读《欧游杂记》《伦敦杂记》，认真领会了叶老的评论，真是受益匪浅。当我写作累了的时候，或偷懒、懈怠的时候，《朱自清全集》也仿佛会开口说话一样，用严肃的语言督促我，叫我偷懒不得。真正想对朱自清做点研究，是在 2000 年，当时我在一家报纸的文学副刊做编辑，对于副刊知识也了解了一些，知道许多文学大师当年的文章都是发表在各种文学副刊上的。于是便下功夫，搞了几个专栏，有特色的是"苍梧片影"等，也有整版的关于连云港名人或地方文化的专刊，几年之中，渐成规模，受到当地文坛的注意。在多年的文学编辑中，总是想着要写一写关于朱自清的文章，恰好文友刘成文先生也有这个意向，我们便合作了一篇，正是关于朱自清的。这篇文章的题目已经忘了，当时发了一个整版，还配了几幅图片。文章发表后，受到不少朋友的鼓励和好评，想再接再厉，多写几篇。于是更加留意朱自清的相关评论和回忆史料，和朱自清同时代作家的作品和年谱、评传也买了不少，揣摩那一代作家的人格魅力和作品风格。虽然后来没有继续研究，文章也没写几篇，但通过这样的工作，对朱自清又有了更多的了解，崇敬之情也加深了一层。

真正坐下来专心研究朱自清，写作关于朱自清的文章，还是在 2013 年下半年。我的所谓"研究"，实际上就是更多、更广泛的阅读，包括朱自清的原著，亲属的回忆文章，早年的自编文集和后来出版的各种版本的作品集，各种纪念集和他师友、学生写的种种纪念文章，同时也着手写点心得体会。由于我是半路出家，也摸不到研究的门径，所写的文章都是随笔性质的。断断续续近十年下来，所得文字已经不少。2018 年还把其中的一部分出版了两三本小书。2022 年春，中国文史出版社想把朱自清一生的人生经历和创作、研究经历全部呈现给广大读者，我又利用半年时间，把这些文字进行修订和补充，以"朱自清的踪迹"为线索，分为六个部分，即《从海州到北大》《奔波在江南》《清华园里尽朝晖》《游学欧罗巴》《西南联大日月长》《休假在成都》，单独成书。但由于本人水平有限，研究不深，不免会有各种错误，希望读者朋友不吝赐教。如有机会再版，一定补充完善。

需要说明的是，本书参考文献较多，引文中所引的朱自清的文字，均出自《朱自清全集》（江苏教育出版社 1988 年版陆续出齐），对于朱自清文章中的一些异体字和假通字以及原标点等照原样予以保留，比如"象""底""勒""沈弱""气分""甚么""晕黄"等，特此说明。

2022 年 9 月 18 日于北京像素

目 录/*CONTENTS*

附　录

启程和途中

清华大学有一个非常好的待遇，就是教授每工作五年，就可申请休假研究一年。这一年的休假研究，可选择国内，也可选择出国访学。如果出国，除可支取一半的薪水外，还可获得往返路费各五百二十美元及每月研究经费一百美元。依照这个规定，朱自清申请休假一年获得批准后，决定赴英国伦敦访学。

1931 年 8 月 22 日，朱自清踏上了欧洲的旅途。也是在这一天，朱自清中断了几年的日记开始复记。当天的日记云：

> 早八时二十五分开车，送者汇臣、稷臣、晓初、汪健君、黄逸云、许七、杨小姐、青玉、妹、敬六妹、黄太太、胡秋原、林庚、隐等。摄两影，一与送别诸人，一与隐。车开，隐犹微笑，旋不见。
>
> 午至天津换卧车，遇协和烟草公司经理（？）安哥斯

Sign a declaration renouncing the American aids and denouncing the declination of the American flour. This means a cut of six million dollars income this month.

After a day consideration this afternoon, decide resolve that I am right in signing the declaration. Because we are against American policy to support Japan and it appeals to the direct execution (over in spirit), we should like lift the responsibility. Give a dinner party for those people who are leaving for America that Mrs. 洪蓁菁 this morning. He is rather vulgar. Do like his brother.

阴雨 土晴 x

生活は引上げである。更ね主村清さうか変更するのである。早婚富く花嫁送とをき、生活費は困難であるそれに対する一般的ま行動は必要のではいと自覚する。再び絶対者の崇拝を待ま捨てめものである。

20th Sun Fine。

朱自清日记手迹

（?）相助甚力。其人为希腊人，居中国三十年。谓西方人旅居中土，食用皆取诸斯，惟日本人则非本国食不食，非本国衣不衣，其语甚是。余等午餐时，安移入别室。旋相见，谓余等三人可较舒适也。北戴河下车，握手言别，犹祝中国之隆盛，其意可感！

天气渐冷，晚睡甚适。

在山海关寄隐第一信。

这真是值得记住的一天。

这次旅行的路线，看来是经过精心策划的，没有像早先留学者那样漂洋过海，而是在国内转几次火车——经沈阳、长春，在哈尔滨待了几天，办好手续后，取道满洲里出境，穿过辽阔的苏联远东地区，抵达莫斯科，再从莫斯科转道西欧，经德国柏林、法国巴黎，再乘船到达英国伦敦。

正如朱自清日记所记，这天早上，在北京前门火车站，朱自清带着不多的行李，和前来送行的陈竹隐话别。送行的人群足够庞大，有朋友，还有陈竹隐的朋友和结拜姊妹。而同事们的送行酒，早在数周前就喝了几场了，比如1931年5月13日晚上，就有学生为他举行了送行宴会，那天俞平伯和浦江清也去了，大家喝得很开心。在14日致陈竹隐的信中，朱自清说："昨晚学生为我饯行，（其实真太早！）甚为欢乐。席间与他们猜

1931年8月，中国文学会师生欢送朱自清（前排右二）赴欧留影

拳。我的拳太坏，喝了不少的酒。饭后俞、浦两先生唱昆曲，学生亦各唱小调。我真惭愧，什么也唱不出，只敷衍说一小笑话而罢。"虽然在8月22日送行的人群里没有老朋友俞平伯和浦江清的身影，但他们二人的诗早已作好了，俞平伯是《送朱佩弦兄游欧洲》二首，诗云：

翰海停车挹晚凉，乌拉岭外有斜阳。
稍将远志酬中岁，多作佳游在异乡。

五月花都春烂漫，十年雾国事微茫。

槐阴时霎灯前雨，明日与君天一方。

浦江清先作一首五律《赠别佩弦》，后又作古诗《前诗未尽意，更作两章以媵之》二首相赠。和朱自清同行的，还有赴欧留学的李健吾和徐士瑚。李健吾是朱自清的学生，1925 年考入清华大学，先在中文系读书，后又转入西洋文学系，同年由王统照介绍加入文学研究会。这次他是赴法国留学的，研究的兴趣主要在福楼拜等现实主义作家和作品上。徐士瑚于 1925 年考入清华大学西洋文学系，这次随朱自清先生一起赴欧，准备进入苏格兰四所最古老的大学之一爱丁堡大学读书。

朱自清在国内的几天旅行中，也充分利用时间，和朋友一起玩了不少地方。这些年，朱自清先在南方奔波，在清华园的六年里，一是担任繁重的教学任务，二是家庭变故，接着又和陈竹隐热恋，让他难得有时间外出旅行。有了这次长假，他真的要好好欣赏下旅途中的大好风光了。在沈阳短暂停留时，他和朋友一起游玩了北陵和故宫。在 1931 年 8 月 23 日日记中说："早五时馀至沈阳，寓沈阳旅馆，雇汽车游北陵……购日人所印北陵、东陵风景一套十六张……饭于一日本料理馆。不通日语，勉强要菜。进虾面及鸡肉锅，费日金四元馀，值中国十元，皆余偶然发兴之故。"从字里行间，能看出朱自清的快乐。

当天下午，朱自清一行乘车到达长春，又于 8 月 24 日早上，到达哈尔滨。朱自清在当天的日记里说："早到哈尔滨，寓北京旅馆。屋甚佳，价甚廉。赴俄领事署，嘱明日来。又赴波兰领事馆，适休假。逛中央大街，游特市公园，并至松花江滨。晚许孟雄君来，约明晚便饭。"在 25 日的日记里说："早到波兰领事馆及俄领事馆。俄馆事未办妥。据云许否不敢必云。冯仲云来略谈。下午借徐美金十元。购小玩物十一件。与徐游太阳岛，在松花江划船，极畅。又游道外正阳街。由电车回。晚清华同人公宴，有许孟雄、顾敦吉、胡小石、麟君、孟君、曹盛德君，饭于商务，又在民娘九家啖冰淇凌，点心同北平法国面包房，冰淇凌未必佳。"

此时的哈尔滨异国情调甚浓。在几天的逗留中，朱自清去了不少好玩的地方，他在和叶圣陶的《西行通讯》中，有详细记录，在说到哈尔滨的外国人时，朱自清说："这里的外国人不像上海的英美人在中国人之上，可是也并不如有些人所想，在中国人之下。中国人算是不让他们欺负了，他们又怎会让中国人欺负呢？中国人不特别尊重他们，却是真的。他们的流品很杂，开大洋行小买卖的固然多，驾着汽车沿街兜揽乘客的也不少，赤着脚爱淘气的顽童随处可见。这样倒能和中国人混在一起，没有什么隔阂了。"说到哈尔滨的文化时，朱自清说："这里虽有很高的文明，却没有文化可言。待一两个礼拜，甚至一个月，大致不会教你腻味，再多可就要看什么人了。这里没有一爿像样的书店，中国书外国书都很稀罕；有些大洋行的窗户里虽放着几本俄文书，想来也只是给商人们消闲的小说罢。最离奇的是这里市招上的中文，如'你吉达'，'民娘九尔'，'阿立古闹如次'等译音，不知出于何人之手。也难怪，中等教育，还在幼稚时期的，已是这里的最高教育了！这样算不算梁漱溟先生所说的整个欧化呢？我想是不能算的。哈尔滨和哈尔滨的白俄一样，这样下去，终于是非驴非马的畸形而已。虽在感着多少新鲜的意味的旅客的我，到底不能不作如此想。"朱自清的议论既精到又准确。说到消闲的公园，朱自清在《西行通讯》中继续说："街两旁很多休息的长椅，并没有树荫遮着；许多俄国人就这么四无依傍地坐在那儿，有些竟是为了消遣来的。闲一些的街中间还有小花园，围以短短的栅栏，里面来回散步的不少。——你从此定可以想到，一个广大的公园，在哈尔滨是决少不了的。这个现在叫做'特市公园'。大小仿佛北平的中山公园，但布置自然两样。里面有许多花坛，用各色的花拼成种种对称的图案；最有意思的是一处入口的两个草狮子。是蹲伏着的，满身碧油油的嫩草，比常见的狮子大些，神气自然极了。园内有小山，有曲水，有亭有桥；桥是外国式，以玲珑胜。水中可以划船，也还有些弯可转。这样便耐人寻味。又有茶座，电影场，电气马（上海大世界等处有）等。这里电影不分场，从某时至某时老是演着；当时颇以为奇，后来才知是外国办法。我们去的那天，正演《西游记》；不知别处会演些好片子否。这公园里也是晚上人多；据说俄国女人常爱成排地在园中走，排的长约等于路的阔，同时总有好两排走着，想来倒也很好看。"说了公园游乐场和电影院，再说城市的交通："因为路好，汽车也好。不止坐着平稳而已，又多！又贱！又快！满街是的，一扬手就来，和北平洋车一样。这儿洋车少而贵；几毛钱便可坐汽车，人多些便和洋车价相等。开车的俄国人居多，开得'棒'极了；拐弯，倒车，简直行所无事，还让你一点不担心。……胡适之先生提倡'汽车文明'，这里我是第一次接触汽车文明了。上海汽车也许比这儿多，但太贵族了，没有多少意思。此地的马车也不少，也贱，和五年前南京的马车差不多，或者还要贱些。"说到城市的吃食，朱自清更是津津有味："我们第一天在一天津馆吃面，以为便宜些；哪知第二天吃俄国午餐，竟比天津馆好而便宜得多。去年暑假在上海，有人请吃'俄国大菜'，似乎那时很流行，大约也因为价廉物美吧。俄国菜分量多，便于点菜分食；比吃别国菜自由些；且油重，合于我们的口味。"朱自清在哈尔滨的观察够细致的了，还去了太阳岛观光。八十多年前的太阳岛是什么样子呢？朱自清是这样描绘的："夏天人很多，往往有带了一家人去整日在上面的。岛上最好的玩意自然是游泳，其次许就算划船。我

朱自清游松花江太阳岛

不大喜欢这地方，因为毫不整洁，走着不舒服。……岛上有一
个临时照相人。我和一位徐君同去，我们坐在小船上让他照一
个相。岸边穿着游泳衣的俄国妇人孩子共四五人，跳跳跑跑地
硬挤到我们船边，有的浸在水里，有的爬在船上，一同照在那
张相里。这种天真烂漫，倒也有些教人感着温暖的。……照相
人，哈尔滨甚多，中国别的大都市里，似未见过；也是外国玩
意儿。照得不会好，当时可取，足为纪念而已。从太阳岛划了
小船上道外去。我是刚起手划船，在北平三海来过几回；最痛

快是这回了。船夫管着方向，他的两桨老是伺候着我的。桨是洋式，长而匀称，支在小铁叉上，又稳，又灵活；桨片是薄薄的，弯弯的。江上又没有什么萍藻，显得宽畅之至。这样不吃力而得讨好，我们过了一个愉快的下午。"旅行途中，没有备课、上课的压力，又没有系务的繁杂，朱自清一行在哈尔滨玩得够尽兴了。

这就是朱自清对哈尔滨的印象。真的很感谢朱自清，他把当时的哈尔滨城市和市民风情基本上还原了。多年后，有人给朱自清这篇文章配上了当年的老照片，相映生辉，虽然仿若隔世，却也不得不佩服朱自清很有远见的记录。很巧的是，朱自清还于8月26日在哈尔滨见到了吴宓热烈追求的毛彦文及其他人。朱自清在和毛彦文的谈话中得知，和她同来的吴宓去满洲里帮两个瑞士朋友办护照了，朱自清很遗憾没能见到这位前同事兼好朋友，便给吴宓留了一封信托毛彦文转交。当天下午三时，朱自清等人在哈尔滨乘车后，一路北上经满洲里于27日夜间进入苏联境内。28日，在风景优美、人迹稀少的西伯利亚地区，朱自清感触很深，在和叶圣陶的《西行通讯》中，充满抒情地描写道：

平常想到西伯利亚，眼前便仿佛一片莽莽的平原，黯淡的斜阳照着，或者凛冽的北风吹着，或者连天的冰雪盖着。相信这个印象一半从《敕勒歌》来，一半从翻译的小说来；我们火车中所见，却并不如此惊心动魄的——大概是夏天的缘故罢。荒凉诚然不错，但沿路没有重山，千里的青绿，倒将西伯利亚化作平常的郊野了。只到处点缀着木屋，是向所未见。我们在西伯利亚七日，有五天都下雨，在那牛毛细雨中，这些微微发亮的木屋是有一种特别的调子的。

头两天是晴天，第一天的落日真好看；只有那时候我们承认西伯利亚的伟大。平原渐渐苍茫起来，它的边际不像白天分明，似乎伸展到无穷尽的样子。只有西方一大片深深浅浅的金光，像是一个海。我们指点着，这些是岛屿；那些是船只，还在微风中动摇着呢。金光绚烂极了，这地上是没有的。勉强打个比喻，也许像熊熊的火焰吧，但火焰究竟太平凡了。那深深浅浅的调子，倒有些像名油画家的画板，浓一块淡一块的；虽不经意，而每一点一堆都可见他的精神，他的姿态。那时我们说起"霞"这个名字，觉得声调很响亮，恰是充满了光明似的。又说到"晚霞"；"晚"的声调带一些冥没的意味，便令人有"已近黄昏"之感。L君说英文中无与"霞"相当的字，只能叫做"落日"；若真如此，我们未免要为英国人怅惘了。

第二天傍晚过贝加尔湖；这是一个大大有名的湖，我所渴想一看的。记得郭沫若君的诗里说过苏武在贝加尔湖畔牧羊，真是美丽而悲凉的想象。在黯淡的暮色中过这个寂寞的湖，我不禁也怀古起来了。晚餐前我们忽见窗外很远的一片水；大家猜，别是贝加尔湖吧？晚餐完时，车已沿着湖边走了。向北望去，只见渺渺一白，想不出那边还有地方。这湖单调极了。似乎每一点都同样地平静，没有一个帆影，也没有一个鸟影。夜来了，这该是死之国吧？但我还是坐在窗前呆看。东边从何处起，我们没留意；现在也像西边一样，是无穷的白水。车行两点多钟，贝加尔湖依然在窗外；天是黑透了，我走进屋内，到底不知什么时候完的。

此后的几天中，火车都是行驶在苏联境内，朱自清在日记中，约略描写了沿途的风光和车中的日常琐事。除贝加尔湖冷寂的湖水让他不禁怀起古来，产生悲凉的想象，现实的列车中的生活，让他心情更加多样起来。29日日记曰："午餐入饭车，寂无人。侍者以表相示，相差至五时，云是莫斯科时间也。语言不通，致误午饭时，悔不带一会话书也。"但补偿很快就来了，"晚餐在饭车，各点一菜，猪排最佳，值三卢布有半，牛排三卢布，啤酒一卢布半，鸡子一卢布半"。三样荤菜，加上啤酒，三人边吃边聊，其乐融融。饭后，"一士兵甚和蔼，入余等室，但身有异臭，略令人不快耳"。在孤独的夜行列车中，朱自清因夜冷而醒，想念起热恋中的陈竹隐，再也无法入睡，朱自清日记中有"思念隐、廖不已"之句。30日日记云："今日过大站克拉斯诺亚尔斯克（Krasnoyarsk）、泰谢特（Tayga）、新西伯利亚（Novo-sibirsk）。读毕《欧美礼仪》《声越诗词录》。"9月1日，朱自清在日记中说："室中来一博士，系习经济学者，其人甚有风趣，好谈话，惟此君身亦有异味。"看来朱自清初次出国，对于外国人身上的异味还不能适应，就连受外国人熏陶过的中国人身上的异味也很敏感。朱自清接着写道："早间过孔古尔（Kungur）前，高山深涧，屈曲数里，火车沿岸行，溪中一小舟，一人独坐其上，殊有画意。"在列车上，那个身有异味的经济学博士，和他的朋友，也是博士，还邀朱自清一行饮酒和打桥牌，看来也是为消解旅途的寂寞了。9月2日晚上抵达莫斯科北站，列车即继续西行，因没能看看莫斯科市貌而表示遗憾。9月3日早上车过科卢索沃时，朱自清一行遇到一个比利时牧师，朱自清在日记中写道："中国语甚佳，意甚殷殷。其人住中国二十六年云。"列车经过波兰时，朱自清还换了一部分波兰币，坐三等无卧车。至9月4日早上九时半时，列车达到柏林，和蒋复璁（字慰堂）在车站小叙。朱自清和蒋复璁是北京大学校友，蒋复璁在北大毕业后，曾于1924年至1926年在清华任教，和朱自清有同事之谊，过从甚密。1930

年，蒋复璁经浙江省政府选派，赴德国柏林大学研习哲学，并攻读于图书馆专业，同时在普鲁士邦立图书馆任客座馆员。蒋复璁此时正在柏林，朱自清和老朋友在异国相见，来不及叙旧，就要启程了。朱自清在当天的日记中说："晨九时半过柏林，慰堂嘱下车，答以明年再赴德。"从朱自清的日记看，在伦敦学习结束后于1932年5月开始的两个多月的欧洲旅行，是早就计划好了的，否则，不会有"答以明年再赴德"的承诺。

到达欧洲了，朱自清心情大好，观察也更加仔细了，还乐于和车中异国乘客互动，在9月4日日记中说："车中有俄妇甚有致，与其夫俱，亦翩翩。打桥，其夫妇桥甚精，有记分纸，殆亦甚好之也。牧师甚助余等。"可能是时差问题加上域外的新鲜吧，朱自清已经连续两天没有睡好觉了，朱自清在日记里说失眠"甚苦"。9月5日早上，朱自清一行终于到达了目的地巴黎。

巴黎印象

　　1931 年 9 月 5 日这天的巴黎，下起了雨。朱自清在和车中所遇的俄国夫妇道别后，即赴友人处。朱自清在日记中说："下午见汪、张（大煜）、秦诸君。秦谓法报讥刺中国事，谓《民友》、《小巴黎人报》皆有，文极刻毒。"这些信息，对于朱自清来说极其重要，让他知道法国一部分阶层乃至欧洲一部分人对于中国和中国人的偏见。但友情毕竟是温暖的，朋友们接连在中午和晚上招待朱自清吃饭。暂时安顿好后，朱自清第二天就和朋友开始了游玩。在接下来的两天中，天气都不错，他们参观了著名的卢浮宫、凡尔赛、巴黎圣母院、埃菲尔铁塔、殖民地展览会等名胜。朱自清在 6 日的日记中说："下午游凡尔赛，惜未赴镜宫。遇吴景祥君，为言近代建筑德、法、荷三派，又言法国花园太整齐，乏曲折之致。"晚上又和朋友们一起看烟火，朱自清在日记中有"水火交映，奇观也"的赞叹。到了巴黎，也得感受一下巴黎的休闲和饮食文化，看了烟火，又看了凡尔赛街头的喷水景观后，还到街边的小咖啡馆坐了一个小时。7日这天，朱自清又和朋友汪君一起游览了巴黎圣母院教堂，朱自清在日记中赞道："甚深邃、幽暗，哥特式之代表建筑也。"从朱自清这天的日记看，他和朋友玩了不少地方，也略有感慨：

汪君见告，巴黎有一剧院，每夕演同一戏，已二年，专为外国旅客，布景甚佳。

饭于法国饭店，值五法郎七十五生丁，一荤两素，有啤酒一瓶，甚廉也。

下午乘电车赴万森（Vincenlls），观殖民地展览会，目迷五色。先至工艺馆，次赴各殖民地馆，匆匆未及细阅。以安南宫为最美。晚喷水，有水桥。

今日见现代建筑与家具。

场中有非（？）人牵驴车。

晚各路灯式及光俱各异。

晚坐大咖啡馆，如扬州茶店也。

这是朱自清第一次来到巴黎，虽然只有短短的两天，因为是初到欧洲，巴黎的每一处风景都让他感到新奇，虽然是匆匆一过，却也印象深刻。

而朱自清第二次来到巴黎，已经是1932年的5月中旬了，朱自清的心境和思想，经过伦敦七八个月的淘洗，已经得到了沉淀，再到巴黎，已经没有了初来时的新奇，有了一个较客观的自我印象。朱自清在1932年5月14日日记中说："昨晚我们离伦敦去巴黎……在横渡英伦海峡的渡轮上坐的是三等舱，很不舒适。到巴黎后住罗林旅馆，在巴黎大学神学院附近。"甫一住下，朱自清就和友人看巴黎的花市和巴黎圣母院。至此，朱自清在巴黎待了整整三周，把巴黎好看好玩的地方基本上跑了一遍。三周里，除了看那些著名的景点，如各大公园和各大博物院，还去看了蒙马特公墓、小仲马、海涅、卢梭、肖邦、圣·皮埃尔、王尔德等人的墓，访问了雨果故居，还观看了一场歌德的著名话剧《浮士德》。

朱自清的学生吴达元在《忆佩弦先生》一文中，回忆当年和朱自清一起游巴黎的情景："朱先生休假于民国二十年，二十一年的春天到巴黎。我和级友秦宣夫、朱健吾几个人陪着他参观国家图书馆、路佛宫及其他名胜。我和他差不多天天见面，谈话机会很多。我们谈音乐，谈美术，谈文学，谈种种问题。朱先生的谦虚给我很深刻的印象。他的谦虚没有半点虚伪，他的求智识、求学问的精神实在叫人佩服。我和他谈起我的读书计划，他给我很大的鼓励。"又说："有一天，我和他两人到巴黎附近的 Fontainebleau 旅行。我们下了火车就先把博物馆参观了，随后雇一辆马车，逛大树林。朱先生的兴致很好。路上我们遇见别的游客，虽然是不认识的，也照着法国人的风俗和他们互相道好，朱先生也用一两个法文单字跟着打招呼。马车每到一处有名的风景地方，车夫就让我们下车，叫我们走进树林里，告诉我们怎样走和看些什么。后来，走到一处，我们依照车夫的指点，顺着特设的标志在树林里走，一面走，一面谈天。我记得我和朱先生特别谈到某些关于音乐的问题。谈谈走走，不知不觉地迷了方向，找不着标志，回不了候着我们的马车。天气原先是很好的，忽然变坏，下着倾盆大雨，把我们的衣服都淋湿了。我们在树林里摸索，居然也回到城里。那时候，离我们预定回巴黎的火车开车时刻已不很远，可是我们不能不想到我们的马车。坐车时没先付钱。如果我们不管就走，车夫会不会疑心我们的迷途是诚心为了省车钱而溜走的？我和朱先生一商量，他就立刻赞同回到原先雇车的地方，寻找马车夫，不考虑是否赶得上火车。在原来雇车地方，我们打听一下，居然把我们的车夫找着，把钱付了给他，他要请我们喝咖啡去，我们因赶火车辞了他。我们把这事做了，心里非常愉快。朱先生做人之不苟且，于此可见一斑。"

前后两次在巴黎的经历和对巴黎的印象，朱自清后来在散文《巴黎》里有详细的记录和议论。这篇文章也是朱自清在写作《欧游杂记》时用时最多的一篇，也最为精彩。比如在说到巴黎的左岸和右岸时，朱自清说："塞纳河穿过巴黎城中，像一道圆弧。河南称为左岸，著名的拉丁区就在这里。河北称为右岸，地方有左岸两个大，巴黎的繁华全在这一带；说巴黎是'花都'，这一溜儿才真是的。右岸不是穷学生苦学生所能常去的，所以有一位中国朋友说他是左岸的人，抱'不过河'主义；区区一衣带水，却分开了两般人。但论到艺术，两岸可是各有胜场；我们不妨说整个儿巴黎是一座艺术城。从前人说'六朝'卖菜佣都有烟水气，巴黎人谁身上大概都长着一两根雅骨吧。你瞧公园里，大街上，有的是喷水，有的是雕像，博物院处处是，展览会常常开；他们几乎像呼吸空气一样呼吸着艺术气，自然而然就雅起来了。"朱自清的观察很仔细，描写也细腻。在介绍砖厂花园时，朱自清说："也有一个喷水池；白石雕像成行，与一丛丛绿树掩映着。在这里徘徊，可以一直徘徊下去，四围那些纷纷的车马，简直若有若无。花园是所谓法国式，将花草分成一畦畦的，各个排成精巧的花纹，互相对称着。又整洁，又玲珑，教人看着赏心悦目；可是没有野情，也没有蓬勃之气，像北平的叭儿狗。这里春天游人最多，挤挤挨挨的。有时有音乐会，在绿树荫中。乐韵悠扬，随风飘到场中每一个人的耳朵里。"而大名鼎鼎的仙街又是如何呢？朱自清说此街可直达凯旋门，大约有四里半长。"凯旋门地势高，从刚果方场望过去像没多远似的，一走可就知道。街的东半截儿，两旁简直是园子，春天绿叶子密密地遮着；西半截儿才真是街。街道非常宽敞。夹道两行树，笔直笔直地向凯旋门奔凑上去。凯旋门魏峨爽朗地盘踞在街尽头，好像在半天上。欧洲名都街道的形势，怕再没有赶上这儿的；称为'仙街'，不算说大话。街上有戏院，舞场，饭店，够游客们玩儿乐的。凯旋门一八零六年开工，也是拿破仑造来纪功的。但他并没有看到它的完成。门高一百六十英尺，宽一百六十四英尺，进身七十二英尺，是世界凯旋门中最大的。门上雕刻着一七九二至一八一五年间法国战事片段的景子，都出于名手，其中罗特（Burguudian Rude，十九世纪）的'出师'一景，慷慨激昂，至今还可以作我们的气。这座门更有一个特别的地方：在拿破仑周忌那一天，从仙街向上看，团团的落日恰好扣在门圈儿里。门圈儿底下是一个无名兵士的墓；他埋在这里，代表大战中死难的一百五十万法国兵。墓是平的，地上嵌着文字；中央有个纪念火，焰子粗粗的，红红的，在风里摇晃着。这个火每天由参战军人团团员来点。门顶可以上去，乘电梯或爬石梯都成；石梯是二百七十三级。上面看，周围不下十二条林荫路，都辐辏到门下，宛然一个大车轮子。"朱自清观察得太细致了，把当时的情境全盘复原了出来，如果有人看过现在的凯旋门，两相对比，必定也有意思。而巴黎最繁华的商业地区又是如何呢？朱自清写道："大铺子差不多都在这一带，珠宝市也在这儿。各店家陈列窗里五花八门，五光十色，珍奇精巧，兼而有之；管保你走一天两天看不完，也看不倦。步道上人挨挨凑凑，常要躲闪着过去。电灯一亮，更不容易走。街上'咖啡'东一处西一处的，沿街安着座儿，有点儿像北平中山公园里的茶座儿。客人慢慢地喝着咖啡或别的，慢慢地抽烟，看来往的人。'咖啡'本是法国的玩意儿；巴黎差不多每道街都有，怕是比哪儿都多。巴黎人喝咖啡几乎成了癖，就像我国南方人爱上茶馆。'咖啡'里往往备有纸笔，许多人都在那儿写信；还有人让'咖啡'收信，简直当作自己的家。文人画家更爱坐'咖啡'；他们爱的是无拘无束，容易会朋友，高谈阔论。爱写信固然可以写信，爱作诗也可以作诗。大诗人魏尔仑（Verlaine）的诗，据说少有不在'咖啡'里写的。坐'咖啡'也有派别。一来'咖啡'是熟的好，二来人是熟的好。久而久之，某派人坐某'咖啡'便成了自然之势。这所谓派，当然指文人艺术家而言。一个人独自去坐'咖啡'，偶尔一回，也许不是没有意思，常去却未免寂寞得慌；这也与我国南方人上茶馆一样。若是外国人而又不懂话，那就更可不必去。巴黎最大的'咖啡'有三个，却都在左岸。这三座'咖啡'名字里都含着'圆圆的'意思，都是文人艺术家荟萃的地方。里面装饰满是新派。其中一家，电灯壁画满是立体派，据说这些画全出于名家之手。另一家据说时常陈列着当代画家的作品，待善价而沽之。坐'咖啡'之外还有站'咖啡'，却有点像我国南方的喝柜台酒。这种'咖啡'大概小些。柜台长长的，客人围着要吃的喝的。吃喝都便宜些，为的是不用多伺候你，你吃喝也比较不舒服些。站'咖啡'的人脸向里，没有甚么看的，大概吃喝完了就走。但也有人用胳膊肘儿斜靠在柜台上，半边身子偏向外，写意地眺望，谈天儿。巴黎人吃早点，多半在'咖啡'里。普通是一杯咖啡，两三个月牙饼就够了，不像英国人吃得那么多。月牙饼是一种面包，月牙形，酥而软，趁热吃最香；法国人本会烘面包，这一种不但好吃，而且好看。"我之所以如此之多地引用朱自清的文字，是他描写得太精彩了，不急不躁，徐徐说来，明明白白，还夹带着和中国茶馆、柜台酒等休闲元素进行比较，就算你没有去过巴黎，没有坐过巴黎的咖啡馆，经朱自清的介绍，是不是已经很清晰明了？是不是已经闻到巴黎咖啡的浓香啦？

对于其他地方，如卢森堡花园、埃菲尔铁塔、巴黎歌剧院、塞纳河里的两个小洲，还有国葬院、伤兵养老院、毛得林堂等景点，朱自清都不肯忽略，都尽可能地让读者知道其详情，就像描写咖啡馆一样，事无巨细。我还特别喜欢朱自清关于一段旧书摊的描写，也让人如身临其境："沿着塞纳河南的河墙，一带旧书摊儿，六七里长，也是左岸特有的风光。有点像北平东安市场里旧书摊儿。可是背景太好了。河水终日悠悠地流着，两头一眼望不尽；左边卢佛宫，右边圣母堂，古香古色的。书摊儿黯黯的，低低的，窄窄的一溜；一小格儿一小格儿，或连或断，可没有东安市场里的大。摊上放着些破书；旁边小凳子上坐着掌柜的。到时候将摊儿盖上，锁上小铁锁就走。这些情形也活像东安市场。"朱自清再次和东安市场的旧书摊相比，没有一点生硬和造作，同时因为塞纳河沿岸的风光，又能让人感受到不一样的两地风情。

接下来，对于遍布在巴黎市区的各种博物院，朱自清又浓墨重彩地一一加以描述，认为仅就博物馆之多，也是领先于世界的，并能让人流连忘返，徘徊玩味。在说到卢浮宫（文中称卢佛宫）时，朱自清说："卢佛宫在加罗塞方场之东；主要的建筑是口字形，南头向西伸出一长条儿。这里本是一座堡垒，后来改为王宫。大革命后，各处王宫里的画，宫苑里的雕刻，都保存在此；改为故宫博物院，自然是很顺当的。博物院成立后，历来的政府都尽力搜罗好东西放进去；拿破仑从各国'搬'来大宗的画，更为博物院生色不少。宫房占地极宽，站在那方院子里，颇有海阔天空的意味。院子里养着些鸽子，成群地孤单地仰着头挺着胸在地上一步步地走，一点不怕人。撒些饼干面包之类，它们便都向你身边来。房子造得秀雅而庄严，壁上安着许多王公的雕像。熟悉法国历史的人，到此一定会发思古之幽情的。"对于宫内的藏品，朱自清也尽量做到周详的介绍，雕刻、古物、装饰美术，等等，真是琳琅满目，应有尽有，而朱自清最感兴趣的还是画，特别是著名的"摩那丽沙"（现通译为"蒙娜丽莎"）像，朱自清写道："相传达文齐这幅像画了四个年头，因为要那甜美的微笑的样子，每回'临像'的时候，总请些乐人弹唱给她听，让她高高兴兴坐着。像画好了，他却爱上她了。这幅画是佛兰西司第一手里买的，他没有准儿许认识那女人。一九一一年画曾被人偷走，但两年之后，到底从意大利找回来了。十六世纪中叶，意大利已公认此画为不可有二的画像杰作，作者在与造化争巧。画的奇处就在那一丝儿微笑上。那微笑太飘忽了，太难捉摸了，好像常常在变幻。这果然是个'奇迹'，不过也只是造形的'奇迹'罢了。这儿也有些理想在内；达文齐笔下夹带了一些他心目中的圣母的神气。近世讨论那微笑的可太多了。诗人，哲学家，有的是；他们都想找出点儿意义来。于是摩那丽沙成为一个神秘的浪漫的人了；她那微笑成为'人狮（Sphinx）的凝视'或'鄙薄的讽笑'了。这大概是她与达文齐都梦想不到的吧。"朱自清的点评和观点虽然算不上独到，也是拿捏得很准了。对于卢森堡博物院，朱自清写道："这里比卢佛宫明亮得多。进门去，宽大的甬道两旁，满陈列着雕像等；里面却多是画。雕刻里有彭彭（Pompon）的《狗熊》与《水禽》等，真是大巧若拙。彭彭现在大概有七八十岁了，天天上动物园去静观禽兽的形态。他熟悉它们，也亲爱它们，所以做出来的东西神气活现；可是形体并不像照相一样地真切，他在天然的曲线里加上些小小的棱角，便带着点'建筑'的味儿。于是我们才看见新东西。那《狗熊》和实物差不多大，是石头的；那《水禽》等却小得可以供在案头，是铜的。雕像本有两种手法，一是干脆地砍石头，二是先用泥塑，再浇铜。彭彭从小是石匠，石头到他手里就像豆腐。他是巧匠而兼艺术家。"把雕像说成有建筑味，这个发现尤其的妙。朱自清还一一描写了网球场博物院、罗丹博物院、克吕尼馆（Cluny）、巴黎美术院（小宫）、吉买（Guimet）博物院，等等，都活泼可读。朱自清在介绍这些大大小小的博物院时，有的着墨不多，有的选其重点，读起来都很有情趣，不让人感到乏味，还采用笑话和传说，让人感受到别样的滋味。

说完了博物院，朱自清又介绍了巴黎的夜，认为"巴黎的夜也是老牌子"，说非洲饭店还带澡堂子，"可以洗蒸汽澡，听黑人浓烈的音乐"，在蒙巴特区，朱自清看到"红磨坊门前一架小红风车，用电灯做了轮廓线；里面看小戏与女人跳舞"。另外在"巴林看女人跳舞，不穿衣服，意在显出好看的身子"。还到仙街看了变戏法，"听威尼斯夜曲"，而里多岛的"夜曲是男女对唱，不过意味到底有点儿两样"。整个一个巴黎，都被朱自清写活了。

前后两次共二十多天的巴黎之行，是朱自清除伦敦之外，逗留时间最多的一次，所得的印象也最为深刻，写作所涉及的地方也最多最为全面，为我国读者了解那个时代的巴黎市容和自然、人文的风貌提供了精准的文本。

初到伦敦

朱自清于 1931 年 9 月 8 日与徐士瑚一起，告别同行的李健吾后离开巴黎赴英国，在过境时，受到了当地管理人员不公正的检查，朱自清在当天的日记中愤怒地写道："与徐受医生检验，甚以为耻。"但"车上遇一法人，甚有风趣"，这也给朱自清带来小小的快乐。就是在如此两种交错的心情中，朱自清和徐士瑚于当天到达了英国伦敦。

朱自清这次到英国休假并学习，开始的目的并不明确，或者说并没有具体的打算，甚至连谋求个学位的计划都没有，但总体的设想还是有的，即全面考察欧洲文化和英国文化，重点对小说、诗歌、戏剧、音乐、绘画等艺术门类进行考察和研究。所以，当 1931 年 9 月 11 日，到达伦敦的第三天早上，送徐士瑚去爱丁堡上车后，朱自清就到皇家学院和伦敦大学索取入学章程了。身边随来的两位学生兼好友先后离开后，朱自清的心里还是"稍觉怅然"（11 日日记）。而在两天前的 9 月 9 日日记中，朱自清深情地写道："下午取款，还徐君。此行甚感李、徐二君。"原来热热闹闹的"三人行"，变成了朱自清的单枪匹马，稍觉怅然也是人之常情。

朱自清拿到两所大学的章程并做了研究后，又分别和两所大学取得了联系。他在当天的日记中说："访罗长海先生，温文尔雅人也。雨僧可谓知人。同赴皇家学院（King's College）取学程，并印名刺。又至福伊尔（Foyle）观旧书。饭于里昂餐厅，廉而不取小费，甚佳也。下午去伦敦大学取章程，归写信。"伦敦是到了，总不能长住宾馆吧，所以在拿到两所学校的章程后，朱自清开始打听伦敦的住房，他从朋友处得悉，某地有便宜房子出租，当天日记云："晚吕君见告，科拉姆街（Coram St.）二十五号有屋甚廉，只二十五先令每星期，早饭及浴均在内矣。同往询问，果然。如连晚饭，冬季每周亦只四十五先令也。"说搬就搬，朱自清看好了房子，谈好了价格，第二天就搬了过去。朱自清在 9 月 12 日的日记中说："早移居至七十七号，五先令六丁一日，三十二先令一星期，甚静，但太小耳。"

初到伦敦的朱自清，房子有了，暂时安顿下来了，心情也妥当了，朱自清开始了游览和考察，他约朋友一起，接连逛了伦敦的街市，还有议会大厦、西寺、白金汉宫、圣詹姆斯公园、伦敦博物馆、国立美术馆、特拉法尔加广场等多个名胜景点，游览时间虽短，属于走马观花性质，但也要尽量多跑些地方，以熟悉伦敦的市情和风貌。从朱自清这些天的日记中，摘要如下。

在9月12日的日记中，朱自清记录了这次游踪："郭、吕二君移至罗宾森（Robinson）夫人处。同游议会大厦、西寺及白金汉宫（Buckingham Palace）、圣詹姆斯街公园（St. Jame's Park）、伦敦博物馆（London Museum）。吕君与许君有病，至二时半始吃饭，亦云苦矣。饭后游国立美术馆（The National Gallery）及特拉法尔加广场（Trafalgar Square）。雨甚，湿衣及履。晚饭于里昂餐厅，羊肉甚不佳，账误算，余语言不足用，无以难之。"接下来的几天中，朱自清又去了海德公园和雷根特公园，还接连访友和读报并自习英语，9月13日早晨，访朋友王赣愚。王赣愚出生于1906年，原名王家茂，字贡予，祖籍江西，生于福建福州。朱自清刚到清华园的1925年，王赣愚也考入清华大学政治学系，1929年毕业后，参加公费留美考试，被选派到美国哈佛大学留学，获政治学硕士和博士学位，旋即又去英国伦敦大学和德国柏林大学短期进修、访问。朱自清在当天的日记中说："王君约余便饭。下午至海德公园……王君谈及中央党部所派之留学生，令余愧恶。王君人甚有理想，顷从拉斯基（Laski）研究。"15日日记云："午饭在顺东楼，刘仲熙君请。下午与陆元诚先生赴使馆并游雷根特公园……晚饭罗先生请，在华英楼，逊于顺东楼。"16日日记云："下午开始工作……晚访王赣愚君，其住屋较此为佳。"17日日记云："早读《洛西·克里蒂西》……下午阅报及文学史。"18日日记云："上午作英文，拟自习英语（Self‑Cultivation in English）。阅报。下午读哈代（Hardy）文，极艰涩，甚恨恨！晚读文学副刊，《论美国艺术》一文，意见甚新。虽讥美国，然甚真实也。晚至罗宾森夫人处，谓一屋，需三十先令一月，甚不乐；然冀练习语言，亦遂定移居之计。"朱自清准备再次搬迁住处了。19日日记云："早作一文，并读报。《论帝国咖啡》一文谓英人不善做咖啡，故饮茶者多。又《法拉第纪念》一文，甚清晰。下午赴格雷科特街（Greycoat Street S. W.）观全国蔷薇协会的秋季展览。种类甚多，似已分四等奖。其评价标准若何，尚不尽知。此英国国花，英人甚重之。"这天的《泰晤士报》刊登了一条日本人占领沈阳的消息，让朱自清心里非常焦虑和不安。朱自清虽身在国外，却关注着家国的安危，这是这一代知识分子的普遍情怀。20日日记云："早与赵君赴王君处。本拟约出游，王君谓无暇，余知愧矣。午请赵君便饭。赵君甚喜论中国大势。下午与韦、赵二君同赴南肯辛顿（South Kensington），游科学博物馆、维多利亚和阿伯特纪念馆。"21日日记云："早晤罗君，罗君似甚关心国事。又晤崔敬伯君。从米尔斯旅馆（Mil's Hotel）移至罗宾森夫人处。屋太小，亦不甚称意。罗宾森君见吾读《泰晤士报》，奇之。问曰君能读英文报乎？应曰能。曰佳佳。余英语之劣可见。"朱自清搬到了罗宾森夫人处，她家有不少房客，朱自清在此住了较长的时间。22日日记云："早读报有论剑桥印刷所三节。觅友谊之家（Friend's House），有小园可坐。下午与王君赴外侨登记处（Alien Registration）注册，费一先令。……郑君晚来谈，甚亲切；其人识马之奇也。"23日日记云："上午至使馆并访郑震宇君，郑君人甚亲和，殆可交。"25日日记云："今日做功课一日，但未读中国诗。"26日日记云："早游莱斯特美术馆（Leicester Galleries）观罗丹（Rodin）雕刻，皆范铜为之，已非原件。《观察家》（Observer）七月间一文最清晰，因思在外国确有许多方便也。《观察家》中言罗丹之雕刻与印象派之画同，虽重自然，而实不尽存真。其说甚得要领。"看完莱斯特美术馆后，朱自清又赴老邦德街吉夫斯美术馆，准备观看普尔陶器陈列会。因为昨天已闭馆了，因此有点失落，日记里用"怅怅"来形容。在路过一条过道时，看到各种睡衣裤及时新长袍与各种运动服，朱自清感到很新奇。在游览皇家艺术协会的迪普洛马和吉布森美术馆时，朱自清在日记中说：馆内有"胜利女神小铜像，卢浮宫中有一残像最著名，今始窥见全型，甚慰。又有《最后晚餐》仿本，乃知中国印本不甚相同之故。又一册画原本在卢浮宫，曾一见之。余今日得细阅，甚爱其中三四帧，尤爱三〇二，题为《与米兰达（Mirranda）》，大海扁舟，帆为风卷，甚有致，惜不知其故事。又有《罢工》一帧，则以意义胜，且是现代生活写真，余购其影片，以作纪念。此馆中又有一椅，系某名人客厅中所用，据云十八世纪名人曾坐此椅者极多也"。朱自清考察十分仔细，记录也很详尽，一天的活动也丰富多彩。在回住处时，看到一家书店的橱窗中，有莎士比亚戏剧中人物画一册，雕镂精极，听说是莎士比亚美术馆所印，美术馆在帕尔马尔街。朱自清又赶到帕尔马尔街寻找，没有找到，略有遗憾。但这一天的活动也足够丰富的了。

从这些天的日记看，朱自清还是很清醒地认识到自己英文水平的不足，采取多种方法恶补英文，同时和朋友往来不断，并和朋友观遍了伦敦的大小博物馆。

此后，朱自清联系的两所学校也都有了回音，都嘱他10月初开学时前往。

接下来的这段时间里，朱自清继续在伦敦参观访问，访友闲谈，此前去过的海德公园和雷根特公园又去了几次，公园的人文环境、自然环境也深深地吸引了他："周围满是铁栏干，车门九个，游人出入的门无数，占地二千二百多亩，绕园九里，是伦敦公园中最大的，来的人也最多。园南北都是闹市，园中心却静静的。灌木丛里各色各样野鸟，清脆的繁碎的语声，夏天绿草地上，洁白的绵羊的身影，教人像下了乡，忘记在世界大城里。那草地一片迷蒙的绿，一片芊绵的绿，像水，像烟，像梦；难得的，冬天也这样。西南角上蜿蜒着一条蛇水，算来也占地三百亩，养着好些水鸟，如苍鹭之类。可以摇船，游泳；并有救生会，让下水的人放心大胆。"（《伦敦杂记·公园》）从朱自清的文章中可以看出，他多次来此游览，连冬季也要进来散步。朱自清不仅对公园的风光欣赏不已，对于伦敦居民的公园活动，也特别关注，甚至还驻足听各种各样的演讲。《公园》一文里有这样的描写："每逢星期日下午，各党各派的人都到这儿来宣传他们的道理。公说公有理，婆说婆有理，井水不犯河水。从耶稣教到共产党，差不多样样有。每一处说话的总是一个人。他站在桌子上，椅子上，或是别的什么上，反正在听众当中露出那张嘴脸就成；这些桌椅等等可得他们自己预备，公园里的长椅子是只让人歇着的。听的人或多或少。有一回一个讲耶稣教的，没一个人听，却还打起精神在讲；他盼望来来去去的游人里也许有一两个三四个五六个……爱听他的，只要有人驻一下脚，他的口舌就算不白费了。"9月27日在雷德公园听音乐时，"见共产党宣传队，人甚众。旗帜各异，标语牌不多。继见印度独立演说。一英人致词以中国为言，颇为印度吐气……余深为印度人哀，又深佩外人注意政治，其认真之态度，中国人绝无之"。散文《公园》里，也有这样的描述："见过一回共产党示威，演说的东也是，西也是；有的站在大车上，颇有点巍巍然。按说那种马拉的大车平常不让进园，这回大约办了个特许。其中有个女的约莫四十上下，嗓子最大，说得也最长；说的是伦敦土话，凡是开口音，总将嘴张到不能再大的地步，一面用胳膊助势。说到后来，嗓子沙了，还是一字不苟地喊下去。天快黑了，他们整队出园喊着口号，标语旗帜也是五光十色的。队伍两旁，又高又大的马巡缓缓跟着，不说话。"这样的公园，不仅可以供人休闲，还是集会之所，也让人了解了新鲜。

朱自清在10月2日的日记中，说到去德雷珀会堂参观交易所艺术社绘画展览时，有这样的描写："水彩居多，余所喜为带东方味者，与《泰晤士报》所评微异，如《岸上》是《泰晤士报》所评，余大抵同意。唯所盛称之《布朗普顿教堂》（Brompton Oratory），余不能领略，殆未明其涵义故耳。至气球、电杆虽取材大胆，究似无甚佳处。又《心灵图案》（Psychic Designs）以下诸物似无可观，所谓《心灵图案》余亦不甚了然。"朱自清还细心观察伦敦市民阶层的生活行状，在10月3日的日记中说："候44路汽车不得，遇一英人，自愿帮忙。其人售马铃薯，谓马铃薯贱，不得多钱也。又谓甘地主张素食，甚佳；示余徽章，有自然，人道……甚可笑。至福伊尔艺术馆

（Foyel Art Gallery）阅花画，有佳者。上去乘电梯只一人，未给小费；司机者一少女，颇悔之。"又说："至马斯基林时，由一工人引路。求助，给五便士。以后问路宜注意。"10 月 5 日晚上，朱自清在观看了英国现代画展后，又去友谊之家听了一场关于非洲问题的演讲。朱自清在日记中说："晚至友谊之家听讲演非洲事，所讲余解百分之六七十，唯说笑话处，甚为圆熟，非余所能解。有幻灯片相示，唯似无多系统也。"在去听演讲的路上，朱自清还不忘学习口语："去时路上与罗宾森君'拼命'谈天，渠谓住客两印度博士，皆司医，一名加德（Garde），即短胖者，一名库尔内特（Kulnet），皆在医院研究，库尔内特君研究热带病。洛斯习英文学及语音学。新来两英人，一名平，习化学，一名韦，习医。威廉森女士从事商业，钦哈姆（Chinham）来学语言，萨尔曼则习银行，德行有分行在此也。萨科威茨（Sakowitz）则习建筑。罗宾森君谓两印度博士已得印度博士，犹思得英国博士，地位可以较好，言外之意可见。"朱自清"拼命"谈天，所得信息是得到罗宾森的暗示，让朱自清拼个学位。拿学位，并不是朱自清的初衷，再说了，一年时间也不够啊！对于这种好意的暗示，朱自清也只能一笑了之。

朱自清痛痛快快地游了公园、动物园，看了街景，参观多种艺术展和博物馆，还听了几场音乐剧，然后搬了一次住所，在伦敦找了一处房子安顿了下来。一切看起来非常顺利。但却遇到一件颇为尴尬的事。朱自清在皇家学院遇到一位叫里德先生的老教授，朱自清向他做了自我介绍，说自己是来自中国某大学的教授，利用休假期间来英国学习，准备进修英国文学和英语语音学。这位教授不客气地回答他，旁听于你无益。朱自清在 10 月 7 日的日记中说："早赴皇家学院，候许久始见里德（Reed）教授，一老者也，余以来意告之。里德云旁听于你无益，予正踌躇未及答，后只得告彼余教中文于中国，休假来英，将稍知英文学。渠嘱明日来，又云无多时间与余谈，因忙甚。神气极足，余兴致索然，明日姑往一看，亦不一定真要选课也。"朱自清还在给陈竹隐的信中，叙述了在里德这里遇到的情况，并称学校章程上是允许有旁听生的。

客观地说，老教授的话有其道理，旁听生和正式在籍学生，毕竟要求不一样（自己对自己的要求，老师对学生的要求，还有学校的态度和考试的分数）。但里德先生并没有了解朱自清的背景，也不了解朱自清休假游学的目的。对于朱自清这样的教授来说，学位对他已经可有可无，他只是想充实一下自己的知识结构，提升一下艺术修养。但是里德教授神气活现地表示没有时间听朱自清解释。里德教授的趾高气扬，让朱自清在此进修的想法打消了一半。第二天，朱自清又和里德教授及副教务长联系，对方再次强调，必须选修四门课，且四门均须为主课。英国人的刻板和较真，从某种意义上说也许没错，即既然收了你的钱，你就得按照要求和规定好好学。但朱自清觉得这一限制对于自己并不合适，经过慎重考虑后，决定放弃皇家学院。幸而朱自清已于 10 月 6 日到伦敦大学办了交费手续。此后便在这所大学里旁听语言学、拉丁文学和英国文学等课了。

旁听生的好处就是选自己需要的课听，也可根据自己的趣味独立思考问题。但即便是这样，在伦敦的学习和生活也不比在国内轻松，上课、读书、买书，还要参观各种展览，观看戏剧和电影。朱自清本来就是个"闲不住"的人，用叶圣陶的话说他是个"匆匆的旅人的颜色"，从朱自清的日记里，就可清晰地看到他的忙碌。比如从 1931 年 10 月 14 日和 15 日两天的日记看，就能约略知道其大概了：

十四日 星期三 晴

早阅报，见俄国为中国定一套罗马字母，不知为何。

下午阅《音乐与诗之比较》毕，引证虽足炫人，实无甚新义。

兹列本年度拟读书目如次

1. 通史，阿姆斯特朗

2. 圣经，罗素的批评

3. 神话，戈尔登·怀特海德

4. 四个悲剧

5. 理查斯的作品七种

6. 文学表现形式，理查

7. 现代作家选，美国的七种

8. 语音

9. 论写作与阅读

十五日 星期四 晴

上午阅报竟，读帕尔默（Palmer）文法，知帕尔默有常用字表。因思桑代克（Thorndike）亦有之，颇拟借来一用也。

下午至图书馆借书，尚适意。

听讲希腊诗与艺术家，幻灯片甚有味，言语殊不易了然。讲者年事已高，手颤不已，余殊为不安。

……

听梅斯费尔德讲，如读诗，引莎士比亚、但丁……荷马四人，大要赞美天才，谓为知宇宙之伟大云。

兹将拟读之近代作家列下：

小说家：贝内特、哈代、劳伦斯、韦尔斯、康拉德、尼瑞第斯

诗人：梅斯费尔德、瓦特·德拉穆尔、哈代、豪斯曼

剧作家：萧伯纳、巴里、高尔斯华绥

散文作家：斯特雷奇、贝洛克

在伦敦大学的校园和课堂里，朱自清再次回到了"学生"时代，这位来自中国著名大学的学者兼著名作家，开始了他近一学年的学习生活。

致陈竹隐情书

　　朱自清的这次欧洲之行期间，和陈竹隐正处在热恋阶段。两人虽然已经有了婚约，但毕竟还没有结婚，要等一年后再相见，对二人都是个极大的考验。书信往返，便成为他们情感交流唯一的纽带了。

　　朱自清给陈竹隐的第一封情书，是在出发当天的途中，即1931年8月22日，列车过山海关时寄出的。信中叙述了早上分别时的情景，也说了一些日常琐事。刚一离开就思念，是许多情侣的常态。朱自清也不例外，在信中说："车上最末的一瞥到你，我永久不会忘记。下午在车中睡着了，梦中模模糊糊的似乎总没有离开你。你现在在做些什么呢？愿你好好地和她们玩着！"这里的"她们"，是指陈竹隐的结拜姊妹。刚过一天，23日又写一封，信中夸陈竹隐昨天所穿布衣的好看："穿了那件布衣，我很喜欢。你的衣服里，我最喜欢的是那件布衣，好好地穿，好好地收藏吧。明年回来，我还愿意看见你穿它的。"因为此信是在沈阳写的，朱自清还说："想到沈阳是你的旧游，就记起你婷婷的影子，但哪儿有你的踪迹呢？"朱自清是24日到的哈尔滨，于26日在哈尔滨的信中，告诉陈竹隐自己在松花江划船了，玩得比较开心。朱自清在国内，就给陈竹隐写了五封信。这还没有出国呢，思念之情也太切切了。

　　1931年9月11日，朱自清到达伦敦，便给陈竹隐写信，这封信比较长，告诉了陈竹隐在巴黎游览的情况和入境英国时遇到的不公正待遇。还提到已经从使馆取到陈竹隐的信了，朱自清说："读了几遍，使人怅然不能为怀！你的诗做得甚好；第一首尤其稳，第二首平仄略差。"另外，朱自清在信中还关心胡秋原的恋爱问题。在本月21日的信中，朱自清向陈竹隐讲述了从西伯利亚一路过来的情形，还告诉陈竹隐，自己的胃在每天下午总要疼一次。从这封信开始，朱自清给自己给陈竹隐的信编了号："在国内寄了五次信，在巴黎寄了一片，在英国这是第二信，算是第七号吧。"朱自清的算术有问题，在国内寄了五封信，巴黎寄的明信片算六，"在英国这是第二信"，应该是第八号吧？要不就是没有把巴黎所寄的明信片算在内。10月5日，朱自清信中告诉陈竹隐，收到她的第三号信了，并诉说了对她的思念之情："我这些日子终日神经紧张，头老是昏昏的，肠胃又老不能复原。故兴致殊不好。上星期似乎没有写信给你，真是该死，请谅之!"在这封信中，朱自清还告诉陈竹隐，看了不少戏剧和电影。10 月 7 日又写一信，是因为刚刚收到陈竹隐的信。信中回复了陈竹隐关心的几个问题，让她别加入改组派，还强调"归期决不至迟延，忘你放怀"等等（这可能也是朱自清不愿意在国外拿学位的主要原因——那需要两三年的时间）。10 月 21 日，朱自清给陈竹隐写了一封"抗议"信，开头就说："我有十多天没给你信了，这是我的抗议；因为我出国快两月了，只接你四封信（八月二十三、三十日，九月十日、十九日）! 照你写信的日期看来，大有愈过愈延搁之势，这个我当然不希望的! 你能够，愿意照我们原来约定的，每星期给我一信吗?"接着才告诉陈竹隐一些学习、观光和生活上的事情，还讲述了班上的同学构成情况以及所住公寓的人员构成，甚至对于房东夫妇，朱自清也有比较详细的介绍。

然而陈竹隐的信还是没有来。到了 10 月 29 日，朱自清日记曰："作书与隐，谓至下月十六若仍无书，余即不作书以待之。"朱自清这是闹点小情绪了，是带着小情绪给陈竹隐写了一封信，信中说："又是一星期过去了，天天盼你来信，而竟杳无踪影! 我想，也许是北宁路有阻? 但报上并无此记载! 也许你信封上未写明 Via Siberia（由西伯利亚行），因此走了海道? 但北平来信，无论注明与否，大抵由西伯利亚走! 也许你上了南京，但在南京情形未必甚好，你不见得会走，越想越是莫名其妙！目前我还是每星期给你写信，但到十一月十六若再不接到你的信，我也就等着，不想白写信了。"这种可爱的小情绪，和许多热恋中的情人一样，都是爱之深切的表现。但到了本月30日，朱自清收到了陈竹隐的来信，不但没能让他开心，反而多了层更深的忧虑。在当天的日记中，朱自清说："晚得隐信，凡二页，分别记（5）（6）字，以两书论。书中着语极淡。又将地名错得不可究诘。信作于四日、八日，而实发于十三日，余甚疑之。此君殆别有新知乎？余因觉可以看开，但一面亦甚黏滞，心怀之苦，与谁言之！且俟局面之开展可耳。"朱自清开始怀疑了，怕生什么变故。31日，朱自清日记又说："上午念及隐信，心殊不安，终日心中皆似不能放下。自问已过中年，绮思虽尚未能免，应无颠倒不能立定足跟之事，而神经过敏如此，无学问复无涵养，所以自存者果何在耶。"是朱自清过于敏感了，当陈竹隐的另一封信及时飘到案头时，朱自清立即于11月5日给陈竹隐回了一封，信中倾诉了近期的情绪波动和接到信后的大好心情："上星期和这星期接你两信，心里平静多了。接你前一信时，恕我直说，颇为惶惑！因为信中的话似乎太泛泛，而四日、八日各写一纸，直至十三日才付邮，似乎有些不在乎样子，是令我害怕的。今天接你十六日信，还是原来的口气，这就好多了，虽然也是迟至二十才付邮。我恳求你，能不能写完信就付邮呢?"身在国外,远离亲人,朱自清盼接到亲人的信,此情此景颇为真实,也颇为感人。朱自清兴致一来,还写了陈竹隐上次两首诗的和诗,朱自清在当天的日记中说:"一个月前收到隐的几首诗,今天就用这几首诗里的韵,和了两首抒情诗,虽然已经有几个月不写诗了,但这两首诗写得还可以。这是我的快乐。"诗曰:

宛转腰身一臂支,双眉淡扫发丝丝。
桥头午夜留人坐,月满风微欲语迟。

寄愁无策倍堪伤,异国秋来草不黄。
山海万重东去路,更从何处着思量。

有了爱情的滋润,朱自清的心情大好,在11月6日的日记中说:"昨天收到隐的来信,是那样地一往情深,我从中得到了极大的安慰。"又说:"我把昨天写的抒情诗给陶看了。他欣赏诗中反复出现的鼻音,并赞美这两首诗,说我用了普通的词句却写得很优雅。我觉得他这样说,仅仅是出于客气而已。"朱自清怀疑别人是出于熟人间的客气,其实他这两首情诗确实很好。

接下来,朱自清进入了爱情的甜蜜期,在11月14日、18

日及之后的多封信中，朱自清一边诉说着对陈竹隐的思念，一边报告着伦敦的学习生活和观光旅行以及日常起居，还有身边的中国人的日常状况，同时也关心着陈竹隐在北京的生活，关心陈竹隐信中所说的朋友的一些事，并多次考虑着为陈竹隐买什么东西，如金戒指、日历等，总之，从字里行间，能够看出朱自清和陈竹隐的爱情已经进入琴瑟和鸣的状态中了。

此后，直到 1932 年 6 月 23 日在意大利发出最后一封信，朱自清一共给陈竹隐写了 26 封信，从信中，能基本看出朱自清在欧洲学习、观光、生活的大致轮廓，也能感受到朱自清和陈竹隐的爱情热度和情感脉络。

李健吾

1931年9月11日，朱自清到达英国伦敦的第三天，在送别徐士瑚去爱丁堡大学读书回到旅馆后，即给李健吾写信：

健吾先生：

别后过海峡，风平浪静。到 Dover 查验护照时，说要受医生检验；别的英国人、外国人都上了车，只留下我们两人。因此几乎将车误了；不禁悄然有国家之感。幸而车上遇一法国人，与两个英国女人兜搭，送烟送酒，甚有趣味。他也送烟给我们，我们谢之；又送酒给仙舟，他闻了闻又送还他。女人似乎一个理，一个不理。车中得此，尚不寂寞也。

到伦敦雇 Taxi 。下车匆遽，仙舟付钱，被车夫左绕右绕，多取了两个多先令。英国钱本来麻烦，我们又新来，当然要吃些亏的。

到后第二天就拿出在法国买的地图，自己出去摸索。几天以来，也游了博物院、西寺、伦敦堡等处。只匆匆过目，不及细看。昨到西寺，适逢"课诵"之时，未能到诗人角一看，只见着Wordsworth像，甚为怅怅！

昨下午我去访一吴雨僧先生介绍的朋友。徐君独自归寓。据说在地道中转了一二点钟。我们这几天常坐地道车，这回仙舟却迷了路。仙舟今早走，我送他到车站，车站离他寓所极近，但我独回时也迷了路，五十分钟才得到寓。

仙舟在爱丁堡的同乡已将他住屋办妥，今天并可到车站接他。这回比到伦敦好多了。

你这两天见的人定已不少，暇时望将大略情形告知。

朱自清

（一九三一年）九月十一日

李健吾是1925年考上清华大学的，先读中文系，是朱自清的学生，各科成绩优异。不久之后就在朱自清的建议下转至西洋文学系学习，其文学天赋极高，在大学读书期间，就开始发表文学作品，1926年创作的剧本《翠子的将来》等深受好评，

李健吾

朱自清非常欣赏他的文学才华，和他有过多次的交流和晤谈。朱自清在1927年1月写作的《悼何一公君》一文中，还提到了李健吾，那时候李健吾还是一个学生，朱自清在文中说："到了那礼拜六的傍晚，李健吾君因事找我，由他的稿子说到一公的病；我才知道一公的病很厉害，不过那两日已好些了。我和健吾约了晚饭后去看他。"何一公是清华戏剧社社长，和李健吾一样喜欢戏剧，同学们都戏称何一公是"莎士比亚"。朱自清接着说：何一公"编过几种剧本，但我没有细看过；我在前年本校国庆庆祝会中，看过他编撰兼导演的一个戏。他后来虽谦逊着说不好，我觉得实是不错的。他对于本校的演剧，有种种计划；因缺乏帮助，都还未能实现。但李健吾君告我，一公病前还和他说，在最近的期间内，一定要演一回戏。现在是什么都完了！"朱自清的口气中有对何一公的惋惜，也有对李健吾的尊重。1927年5月3日，朱自清翻译了英国作家A.C.Bradley创作的《为诗而诗》，发表在本年11月5日《一般》杂志第3卷第3期，到次年4月《一般》第4卷第4期续完。这篇论文较长，可能是写出来以后，把译稿给英文水平较高的李健吾做了润色，所以发表时署名李健吾、朱佩弦，可见师生二人的关系之密切了。1928年12月4日，朱自清为李健吾的戏剧作品《一个兵和他的老婆》写了一篇书评，朱自清在书评中怀着欣喜的心情说："我已经念完了《一个兵和他的老婆》的故事。我说，健吾，真有你的！"接着说："这个兵够人味儿。他是个粗透勒顶的粗人，可是他又是个机灵不过的人。瞧那位店东家两回想揭穿他俩的事儿，他怎么对付来着！还有，他奉了营长的命令，去敲那位章老头儿——就是他的丈人了——去敲他的竹杠的时候，恰巧他亲家说他将女儿玉子窝藏起来了，他俩正闹得不可开交哪。你瞧，他会做得面面儿光；竹杠是敲上了，却不是他丈人章老头儿！张冠李戴，才有趣哪。他有这么多的心眼儿，加上他那个当兵的大胆子，——真想不到——他敢带了逃出来的章玉子，他的老婆，'重入家门'。这么着，他俩才成就了美满的姻缘；不然，后来怎样，只有天知道啦。可是，顶要紧的，他是个有良心的人。要是他在马房里第一回看见他老婆的时候，也像他那三个弟兄的性儿，那可不什么都完啦：压根儿这本书也就甭写啦。所以我说这个兵够人味儿。他有一个健康的身子，还有一颗健康的心。可是，健吾，咱们真有过这么胆儿大、心儿细、性儿好的兵？你相信？不论你怎么回答，我觉得这不是现在真有的人；这是你笔底下造出来的英雄。他没有兵们的坏处，只有他们的好处；不但有他们的好处，还有咱们的——干脆说你的——好处。这么凑合起来，他才是个可爱的人。至于章玉子，他的老婆，那女的多少有点儿古怪。但是她的天真烂漫，也可爱的；做他那样子的人的老婆，她倒也合适。"朱自清这篇书评写得很活泼，甚至有点儿俏皮，语调也很特别，"咱们的作家们，说起话来，老是斯斯文文的，慢声慢气的；有的更是扭扭捏捏、怪声怪气的。至少也得比平常人多绕上几个弯儿。这么着也有这么着的好处，可是你也这一套，我也这一套，叫人腻得慌。像他那么大刀阔斧，砍一下儿是一下儿的，似乎还很少哪。他不多说一句话，也不乱说一句话；句句话从他心坎儿上出来，句句话打在咱们心坎儿上——句句话紧紧地凑合着，不让漏一丝缝儿。好比船上的布篷，灌满了风，到处都紧绷绷的。他的话虽说有五段儿，好像是一口气说完了似的；他不许你想你自己的，忘了他的。可是你说他真的着忙？不不！他闲着哪。他老是那带玩带笑的。你说他真的有什么，说什么，像一个没有底儿的布袋？不不！他老忘不了叫你着急，叫你担心，那位店东家两回的吓诈，且甭提，只提'他们头一宵的恩爱'那一段，那女的三回说到嘴边又瞒过了的那句话，你能不纳闷儿？再说，'他老婆重入家门'那一段，先说他带了'一位没有走过世面的弟兄'，上他丈人家去。你想得到，这位护兵会变成他的老婆哪？可惜临了儿他那位丈人拐了一个不大圆的弯儿；我不信那个老头儿真会那么着崇拜'先王的礼法'！要让他换个样子，另拐上一个弯儿，就好了。就是这收梢，不大得劲似的"。即便是这个"收梢"，朱自清末了也来一句："除了这一处，健吾，我敢保这本书没有错儿！"整篇书评的口气都是轻松的，拉家常式的，读来很亲切，也很动人，只是用词有点儿过于京腔京调了，不知是不是朱自清的有意为之。

在巴黎分手之后，朱自清和李健吾师生二人，分别在巴黎和伦敦开始了异国的求学生涯。

时间很快就到了1932年3月13日，李健吾从巴黎到伦敦，和朱自清一起游玩了几天。在《伦敦杂记》的序言里，朱自清说："伦敦的文人宅，我是和李健吾先生同去的。他那时从巴黎到伦敦玩儿。有了他对于那些文人的深切的向往，才引起我访古的雅兴。这个也应该感谢。"朱自清在当天的日记中也说："在米尔斯旅馆见李和秦。"秦即秦善鋆，出生于1906年，1929年清华大学毕业后，于次年留学法国巴黎，在巴黎大学考古研究所及鲁佛学校学习油画和美术史，此次和李健吾一起来伦敦，一是游玩，二是来看望老师朱自清。14日，朱自清、李健吾、秦善鋆一起吃了顿午饭，畅聊也很投脾气。朱自清在当天的日记中说："秦对一些有关绘画的专业术语做了解释，讲得很透彻。"在三人一起逛街时，朱自清买了一些画和一些画片选，并且因为买书和买唱片花费过多而感到不安。就是在逛街购物时，秦善鋆告诉朱自清，由于太忙，他已经放弃了对音乐的爱好。朱自清听了之后，在日记中感慨地说："我们之间的对比是多么的鲜明啊！……为买留声机和两打唱片已花去了十英镑！不务正业使我一步步走进了死胡同。"15日，朱自清又陪同李健吾去逛舰队街，在舰队街上看到《每日快报》正在建造的新办公大楼，对大楼的特殊造型感到奇怪——该大楼的许多玻璃装饰是黑色的，还在大厅里看到一张基督受难图，雕刻在金银合金板上。又去切尔西参观卡莱尔（Carlyle）的故居。朱自清在当天的日记中说："女管家对我们很和蔼。她给我们讲了卡莱尔生平的主要事迹，并向我们朗读了他的书信，她读得很好。"卡莱尔故居给朱自清留下了深刻的印象，在《文人宅》里有这方面的描写。卡莱尔的故居在切尔西，我喜欢英格兰足球超级联赛的切尔西队，多多少少也是受朱自清这次来访并在文章里有所呈现的影响。在这篇《文人宅》里，朱自清把卡莱尔译成"加莱尔"，切尔西译成了"乞而西"等，文章说："加莱尔（Thomas Carlyle，1795—1881）宅，在泰晤士河旁乞而西区（Chelsea）；这一区至今是文人艺士荟萃之处。加莱尔是维多利亚时代初期的散文家，当时号为'乞而西圣人'。一八三四年住到这宅子里，一直到死。书房在三层楼上，他最后一本书《弗来德力大帝传》就在这儿写的。这间房前面临街，后面是小园子；他让前后都砌上夹墙，为的怕那街上的嚣声，园中的鸡叫。他著书时坐的椅子还在；还有一件呢浴衣。据说他最爱穿浴衣，有不少件；苏格兰国家画院所藏他的画像，便穿着灰呢浴衣，坐在沙发上读书，自有一番宽舒的气象。画中读书用的架子还可看见。宅里存着他几封信，女司事愿意念给访问的人听，琅琅有味。二楼加莱尔夫人屋里放着架小屏，上面横的竖的斜的正的贴满了世界各处风景和人物的画片。"16日这天，朱自清和李健吾参观了狄更斯（Dickens）和济慈（Keats）的故居。在狄更斯故居里，朱自清对陈列着狄更斯作品中的人物插图很感兴趣，其中有些插图是烧在瓷器上的。在《文人宅》里，朱自清描写道："屋子里最热闹的是画，画着他小说中的人物，墙上大大小小，突梯滑稽，满是的。所以一屋子春气。他的人物虽只是类型，不免奇幻荒唐之处，可是有真味，有人味。"狄更斯用过的一张珍贵的书桌，上面覆着色泽柔和的紫天鹅绒台布，看上去很美，博得了朱自清和李健吾的赞赏。朱自清在日记中说："六十二年前，即一八七〇年三月十六日，狄更斯生前最后一次伏案阅读。后来这张桌子曾被运往美国送给他的爱女。"让朱自清感到亲切的，还有故居顶楼的一个小窗户，狄更斯 14 岁时曾住在这里凭窗远眺。朱自清和李健吾有没有从窗口向外眺望，以重温一下少年狄更斯的向往？在济慈纪念馆里，朱自清看到了济慈、雪莱和拜伦的许多来往信件。济慈关于医学方面的笔记也让朱自清、李健吾感到很有趣。哈代的诗《汉普特德一屋》的手稿更是让朱自清神往，朱自清在日记中说："我真喜欢他的文体。"朱自清还幻想道："济慈家的花园在当时一定景色很美。李君想像过去那里的人口一定不如现在这么多，所以能听到夜莺的歌声。他打赌说现在那儿肯定不会再有夜莺了。我想他是对的。我们拜读了《夜莺歌》的复制件，济慈在此诗中的笔锋比他信中的笔锋更雄浑有力。"在《文人宅》里，关于济慈有这样一段描写："济慈（John Keats，1795—1821）宅，在市北汉姆司台德区（Hampstead）。他生卒虽然都不在这屋子里，可是在这儿住，在这儿恋爱，在这儿受人攻击，在这儿写下不朽的诗歌。那时汉姆司台德区还是乡下，以风景著名，不像现时人烟稠密。济慈和他的朋友布朗（Charles Armitage Brown）同住。屋后是个大花园，绿草繁花，静如隔世；中间一棵老梅树，一九二一年干死了，干子还在。据布朗的追记，济慈《夜莺歌》似乎就在这棵树下写成。布朗说，'一八一九年春天，有只夜莺做窠在这屋子近处。济慈常静听它歌唱以自怡悦；一天早晨吃完早饭，他端起一张椅子坐到草地上梅树下，直坐了两三点钟。进屋子的时候，见他拿着几张纸片儿，塞向书后面去。问他，才知道是歌咏我们的夜莺之作。'这里说的梅树，也许就是花园里那一棵。但是屋前还有草地，地上也是一棵三百岁老桑树，枝叶扶疏，至今结桑椹；有人想《夜莺歌》也许在这棵树下写的。济慈的好诗在这宅子里写的最多。"关于济慈故居的保护，朱自清还透露了一段感人的故事："这屋子保存下来却并不易。一九二一年，业主想出售，由人翻盖招租。地段好，脱手一定快的；本区市长知道了，赶紧组织委员会募款一万镑。款还募得不多，投机的建筑公司已经争先向业主讲价钱。在这千钧一发的当儿，亏得市长和本区四委员迅速行动，用私人名义担保付款，才得挽回危局。后来共收到捐款四千六百五十镑（约合七八万元），多一半是美国人捐的；那时正当大战之后，为这件事在英国募款是不容易的。"

在短短几天的时间里，朱自清和李健吾、秦善鋆一共参观了四五处名人故居。送别李健吾、秦善鋆几天之后，朱自清还在 19 日的日记中补记了两条："1. 狄更斯亲笔手稿《男学生的故事》的石版复印件，十页，一九二九年售价 1850 镑。2. 济慈手稿《十四行诗》，一页。一九二六年售价 640 镑。"朱自清补记这些，显然是在为回国后写作积累材料。

两个多月后，朱自清在伦敦大学学习期满，于 1932 年 5 月

13 日从伦敦到达巴黎。和李健吾再次取得了联系，并一起玩了几天。5 月 18 日，朱自清和李健吾见面晤谈后，李健吾还兴致很高地把他新写的剧本读给朱自清听，朱自清在当天的日记中说："李将其新写剧本《火线之内》读给我听。情节甚好，但有些人物的对话太富诗意，且嫌冗长。此外，某些人物显得太优雅，与他们的身份不符。他把他自己的性格与剧中人物混杂在一起了。这是很值得注意的。"5 月 21 日，李健吾还和朋友一起陪朱自清游览，当天的日记云："与李、吴同去拉雪兹公墓，看著名的雕塑《致死者》。阿贝拉德、埃露瓦斯、萧邦、塔尔玛、圣·皮埃尔和奥斯卡·王尔德的墓都在这里。王尔德墓前的雕塑系爱泼斯坦所作，是一座展翅欲飞的巨像，有点像埃及的斯芬克斯和亚述人的形象。这座雕像是一位贵妇人出于对王尔德的赞赏而捐款兴建的。"应李健吾之约，1932 年 5 月 31 日，朱自清为李健吾的剧本《火线之内》作序。朱自清在当天的日记中说："为李君的剧本写序言，这是个好剧本。"该篇序文后来收入了《火线之内》，1933 年 1 月由北平青年书店出版。在序言中，朱自清评价道："这回中日的战争是我们的耻辱，也是我们的光荣；有十九军的抵抗，别人和我们自己才感觉到我们居然还活着，没有全变成墓中枯骨。但这口活气是好容易才争得着的，多少老少男女，多少将领兵士，多少血，多少肉，才换来这一点儿。这血肉模糊的一页历史，应该有声有色地写下来，让大家警醒着，鼓励着，前头是希望的路，得看准方向拼命走上去……新近来到巴黎，才听说有两位在给上海战事写戏，其中一位便是李健吾先生，本戏的作者。"朱自清评价恰到好处，没有过分拔高，而是实事求是，认为这部戏"技巧很精密"，是"一部艺术品"。

多年以后，李健吾又将该剧本改名为《老王和他的同志们》，与另一个剧本《母亲的梦》合为一本，由巴金主持的文化生活出版社于 1938 年 8 月出版，李健吾节选了朱自清的原序，略作修改后作为该书的"跋"，跋中有这样的一段话："这回战事不是这个那个英雄的勇气与计谋，而是民众的同心协力。一个朋友来信说，'某军成了民众的武力'；我们正应该如此看。若不看清这一层，写出来的东西，高明些只是英雄崇拜，推办些就成歌功颂德了。这时代用不着这些老玩意，时代的精神早变过来了。……战事戏最难写；戏台太小了，战场太大了，取材是难中之难。既不能像旧戏用四个龙套代表八十三万人马，又不能像《欧洲大观》一类电影，用炮火上台；所以只能旁敲侧击。因此，这种戏特别需要技巧。选择情景，安排人物，穿插言语，都要严密，要对岔儿；还得要'重，拙，大'（借用况周颐论词的话）。巧已经不容易；巧而又能'重，拙，大'，就更难了；所以战事戏成功的很少。"

李健吾是 1933 年从法国回国的，在中华教育基金会编辑委员会任职。1935年任暨南大学教授。抗日战争期间苦居上海，从事进步文化运动，是上海剧艺社以及苦干剧团的骨干和中坚。抗战胜利后，应郑振铎之约，与其共同主编《文艺复兴》杂志，发表许多进步文学家的作品，朱自清也曾在《文艺复兴》上发表过文章。这期间，朱自清和李健吾也多有联络，但因不在一个单位工作，所以合作的机会不多，如有要事，多以书信交往。朱自清写给李健吾的书信，现存的，除上述引用一通外，尚有两通，一通写于1936年1月18日，主要谈四件事：一是托请李健吾买书；二是托请李健吾校改散文集《你我》并请将书序寄给朱自清本人修改；三是痛斥日本人之下流；四是告诉李健吾，他不再任《大公报》文艺副刊的编辑并已转交萧乾接办了。另一通信写于1946年7月19日，是感谢李健吾在《文艺复兴》杂志的"编后"中给其声明文章写作的经过和丰盛的稿费，另外告之民主战士闻一多被枪杀，认为是"恐怖时代的前奏"。这里需要着重强调的是，1947年3月12日，李健吾因事到北平，让朱自清为其题诗，朱自清有《健吾以振铎所贻旧纸来索诗，书不成行，辄易一幅应之》二首，其一曰："堪羡逢场能作戏，八年哀乐过于人。山河有怨凭君诉，却颂和平孰与陈？"其二曰："郑先赠纸古色香，千里邮筒密裹来。破笔涂鸦不成列，换将素幅俗堪咍。"

认真听课

　　朱自清到达伦敦还没有找到固定住所，就于 1931 年 9 月 11 日下午到伦敦大学领取该校的章程了。后来又联系了皇家学院，见到了理德教授，因关于学习的方式方法和理德教授的理念不合，遂放弃了皇家学院，决定只在伦敦大学做一名旁听生。

　　1931 年 10 月 6 日，朱自清到伦敦大学交费，办了入学手续。在当天的日记中，朱自清简要记录了报到的过程，见到了校方的奎克小姐、杰姆金斯先生、贝克尔博士等人，朱自清用"俱无问题"表示报名、交费的顺利以及心情的愉悦——又要做一名学生了，从 1920 年 5 月北大毕业走向社会后，他一直在做老师，中学的，大学的。没想到相隔十多年，再次以学生的身份走进了课堂，而且是在异国他乡，心情还是有些异样和激动的。

　　朱自清日记中所记的第一次上课，是在 1931 年 10 月 9 日，上午听詹金斯的课，感觉无条理，所讲内容为英国现代文学。下午上英文文法课，接着又上英语会话课。老师中，有戴维斯夫妇，朱自清夸戴维斯夫人甚佳，但是戴维斯先生起初认为朱自清是日本人，让朱自清极不愉快。此后，朱自清基本上都能按时到伦敦大学，听他应听的那些课程，如拉丁文学、英语理论、英语语音等。在这些任课老师中，有一个老师比较怪，讲课时风趣幽默，肢体动作尤其夸张，讲到滑稽处，喜欢用脚猛烈地踩踏地板，让地板发出很大的声响，朱自清日记中称此种授课为"亦一奇事"也。另有一个叫费兹的老师，教英语写作，朱自清在日记中记录他的上课的种种事情最多——后文将有交代。

　　朱自清在伦敦大学的听课排得还是比较满的，每周一下午听演讲，星期二、四、五都有课，基本上和中国大学本科生的课程密集程度差不多。在朱自清的同学中，欧洲各国的同学比较多，女同学又比男同学多。1931 年 10 月 21 日，朱自清在写给陈竹隐的信中说："同班的女人多极，听讲演时也是女人多于男人。大概外国现在女人过剩，英国男女大约是百分之四十几和五十几之比……我的同班皆德法意各国人，彼此不谈话。"朱自清在这天的日记中还专门写到了女人，他夸一个德国女学生曰："风致愈佳，今日御耳环，摇曳生姿，与金发蓝衣相映，所谓大家风范，与瑞士女子又自不同。"这里所说的瑞士女子，应该就是本书后文《鲁蒂斯豪泽小姐》一章中的鲁蒂斯豪泽小姐，都是"大家风范"而德国女同学更有"摇曳生姿"的风情。从朱自清的文字看，明面上是夸德籍女子，实际上他同样欣赏瑞士女子，只是二人的美各有风姿罢了。看来德籍女生和鲁蒂斯豪泽小姐无疑是班上两名引人注目的班花了。

朱自清的日记中，有关于上课的日记不少，如1931年10月29日曰："下午听讲希腊艺术，渐了解其讲演性质，乃从艺术之关于诗中故事者解释，唯仍不能解其主要之点，甚为怅然！"只有认真听讲者才会因为听不懂而"怅然"，这是朱自清对待学习的态度，因为朱自清不需要拿文凭，不需要攒学分，也无须考试，如果只为混日子，还"怅"什么"然"呢？所以他的学习都是自觉的，是出于对知识的渴求。不过下午上课就顺利多了，日记曰"读拉姆（Lamb）之《奥赛罗故事》（Othello），甚顺利"。30日日记曰："下午头昏不已，上课后至诗集书店购《英国音律论者》一书，心始静，亦一癖也。在该店中见读诗会布告，大喜过望，急购票两张。第一次在下星期四，所读为维多利亚女王时代的诗集（Victorian Poetry），第二次则豪斯曼（Housmen）自读其诗。"1931年11月4日日记曰："试读发音课里的元音字母，发现第九个和第二十个难于模仿。"在另一堂写作课上，费兹先生认为朱自清的作业"多了"。他指出一个从句——"在那儿我独自一人冷漠地生活着"，问朱自清，文中所给予的"冷漠"一词是什么含义。朱自清没有作答。费兹告诉朱自清，这个词的含义很广，不仅限于指人。他还补充说：这个从句的笔调不错，像17世纪语言。费兹这样说，朱自清的理解不过是他有点儿幽默而已。朱自清听了几节费兹先生的课，知道这个老师喜欢冷嘲，而冷嘲是英国人的特点之一，并非有什么恶意。朱自清在这天的日记中有"对自己的进步不快感到失望"的表述。

朱自清也会因为参加一些活动而缺课，每每这时候，总会流露出后悔的心情，如1931年11月11日，因为参加了第一次世界大战的停战纪念日，朱自清一大早就到阵亡将士纪念碑前，站在第一排，看到那庄严、肃穆的景象时，被深深地打动。特别是当年的老战士威严地走过来时，更使他心灵受到了震撼。许多妇女在强壮的警察的护送下游行前进，她们也都激动异常。朱自清在日记中用"此情此景真是动人"来表示自己的心情。巧合的是，纪念仪式刚刚结束，大雨便滂沱而下，最后还夹着冰雪。但是因这个活动，耽误了听费兹先生的发音课，朱自清在日记中后悔道："星期一下午没听巴尔塞（Balser）博士的讲演，今天又没听费兹先生的发音课，我觉得遗憾。我的健忘使自己也感到吃惊，甚至连上课也忘了。"好在还赶上了费兹先生的另一堂课，只是当费兹先生把作业发还给朱自清时，说朱自清用语生僻，跟他们的习惯用法很不一样。严格的费兹先生没有让朱自清更正，而直接让他重写。朱自清照办了，还在日记中感叹道："想想吧，这是你的致命毛病！"这天的课上，费兹先生对最近的社交礼仪发表了一些意见，他厌恶矫揉造作的形式主义，并对此嗤之以鼻。他认为除了像德国这样的危难之邦外，爱国主义行将灭绝。他不相信英国人民会容忍意大利墨索里尼的行为和言论，他也不会赞成当时受到大多数人支持的国民政府，因为这个政府指望从国外搞到些什么。朱自清在日记中表示"我领悟不了他这种政治上的见解"。11月12日，朱自清在所住的公寓新换了一间大点的房子，只是房子里有股子煤气味，给他带来了困扰。在新的房间里，朱自清"决定每天朗读替换词汇表和语音练习读本。暂时不去背诵那些示范诗了"。并且平时也很少做这种练习，朱自清在日记中说："从未抱有写一手好英文的奢望。我做练习的目的是为了扩大词汇量和提高阅读能力。"朱自清之所以在日记中这样表示，说明他是一名务实主义者。这天朱自清还听了德拉马尔先生的课，但朱自清的听力跟不上。德拉马尔先生读讲稿时摇头晃脑分散了朱自清的注意力。加之他因咳嗽得厉害，坐在离讲坛最远的后排座位上，所以经常听不清楚。

在 1931 年 11 月 13 日的会话课上，由于朱自清的英语会话不流利，戴维斯夫人两次劝他在家里多做些替换词汇表上的练习。不过朱自清觉得，自己的主要问题不在于说，而是在于听。朱自清觉得自己的耳朵太迟钝了，大概不适于学音乐和外语。艰难的英语会话，让朱自清感到失望，甚至丧失了信心。但是当晚上和国内朋友在顺东楼吃晚餐时，遇到讲一口上海方言的两位女士，虽然让朱自清感到语言上的亲切，但对于她们一副上海派头的作风和举止，既讨厌又赞赏，朱自清在日记中感叹说："这真是自相矛盾啊。"所以，关于语言，无论是英语还是汉语，朱自清都是非常在意的。

　　既然英语会话不好，那就加油苦练吧。朱自清在 1931 年 11 月 16 日的日记中说："读吉尔伯特（W．S．Gilbert）和阿西尔·沙利文（Arthur Sullivan）的《船夫们或巴拉塔里亚的国王》，感到困难，甚至厌倦。在读这个歌剧的时候，手里老拿着字典在查。"这就是学习的状态，一方面感到厌倦，感到困难，但同时又不能不学，硬逼着自己学，哪怕是手里拿着字典也要坚持下去。好在同学们也都不错，能帮则帮，有一个叫萨科威茨的先生，告诉朱自清两种歌剧的名字：一种叫正歌剧，另一种叫通俗喜剧。这种歌剧的分类知识对朱自清很有用。在接下来的 17 日这天的课上，奎克小姐分发试卷时，说其中有不少考得很坏。她挑出施赖恩（Schrein）先生的试卷，说是考得最好的一个。而朱自清只得了三分。这种五分判分的卷子，三分也较低了，朱自清在日记中说："我的记了三分，这不是个耻辱吗？"知耻而后勇，这可是中国人的文化。18日的早上，朱自清就和房东罗宾森夫人谈论英语成语了——真是不放过一切可以利用的机会啊！到了学校，费兹先生纠正朱自清辅音L的发音方法，朱自清觉得这个音很难发准确。在写作课上，费兹先生告诉朱自清他的作文不好。同学们也听到费兹的话了。下课后，朱自清在火炉里烧废纸，有一个让朱自清讨厌的德国同学说："瞧你，在烧文章了。我看这倒是个作文题目，就叫'论烧文章'吧！"朱自清听了很恼火，告诉对方，并没有烧作文，不过是把一些废报纸放在炉子里罢了。但是德国人用这样的口气来讥讽朱自清，还是让朱自清感到对方真是恶毒！朱自清在19日的日记中说："我在阅读英语方面的进展实在太慢了，不知道该怎样办才好。看来得做更多的工作，比现在每天做的要多得多。"在朱自清的不断努力下，又去听德拉马尔先生的讲课时，感觉比上星期能多听懂一些了。但是英语写作还是不行，朱自清在23日的日记中说："当贝克尔（Baker）博士的课快要开始时，我的作文还没完成，怎么也写不下去了。听课时几乎心不在焉，不过我还是听懂了大部分内容。"当朱自清努力地把作文写完交给费兹，费兹在收下朱自清的作文时，脸上流露出一副怪相，这让朱自清异常地反感并产生了憎恨的心理，觉得他居然是这样一个人，当他不喜欢某人或某事时，总是带着一副恶意的冷笑。这一天，朱自清学会使用了罗杰特（Roget）所编的《英语词典》了，这让他感到欣慰和高兴。24日，朱自清起得很早，在日记中开心地说："这对我很有好处。"到了学校，在听力练习课后，斯威斯（Swiss）夫人突然来找朱自清，并问朱自清关于汉语的发音符号，朱自清答应下星期五告诉她。随后在伦敦大学经济学院听拉斯基（Laski）教授讲课。朱自清在日记里说："那是国际主义者联谊社安排的。伯顿先生是该社的支持者和名誉干事。拉斯基教授少年英俊，如果在街上见到他，我一定不会想到他是教授。他身材细长，个子不高，但嗓音洪亮，即使在房间最远的角落里也能听到他那铿锵有力的声音。我很容易地听懂了他所讲的内容。他经常断开长句。我想这是一种时髦的讲话方法。他是按照两三天前在《泰晤士报》上发表的文章讲的，很有效果。不过，他讲的没有什么实质性的内容。因为这种课是公共课，所以讲得浅一点也是可以谅解的。希望对这种课能进行适当的讨论。拉斯基教授对提问题的人作了措辞巧妙的扼要回答，有时还有点严厉。他的大部分答复是针对史密斯（Smith）教授的讲话的。史密斯教授也在同一个学院讲授国际法。他在为反对国际主义的观点而辩论时，往往是回顾过去的多，展望将来的少。他讲课时口若悬河，令人应接不暇。不过我明白他的推论来自罗马历史。拉斯基教授在回答他的问题时带着嘲讽的语调，引起一阵阵笑声。

他在回答一个学生时也是这样。这个学生提出的问题书上已经有了答案。他在上拉斯基教授的课前，理应在书上看到这个问题的回答，而他还要去问。因此在这一点上，这个学生受到了无情的嘲笑。"朱自清听这种课收效很大，从学生的提问到老师的解答，甚至从老师对学生的态度上，他都能从中学到知识，提高会话和阅读的水平。朱自清能一口气写这么多的日记，说明他这几天的听课很有成效，感觉也很好。

随着时间的推移，朱自清的英语会话和英语写作的水平逐步得到提高，基本上达到合格的标准了，也乐于参加一些活动了。1931年11月26日这天，朱自清和同学皮姆先生一起到学院去，参加拉齐姆化学工程纪念实验室的开幕式。开幕式由乔治亲王在大厅里主持。朱自清他们赶到那里时，已经是汗流浃背了。开幕式上的前排座位是留给全体教职员的。朱自清在日记中写道："他们穿着红色的或黑色的长袍，看上去真是有趣。妇女们穿着长袍，显得比平时更美丽。长廊里挤得不得了，我站在后面老是被一个学生挤着。学生们在开会时常常心不在焉，男女学生一个样。一个学生在出口处扔帽子打人。想不到那帽子竟是我的，可是直到散会时我才发现。乔治亲王作了简短而优美的讲话。台上坐着一个戴假发和面罩的人，皮姆认为他是英国大法官兼上议院议长。五点半钟我去听德拉马尔的讲课。"心情好了，帽子被人用作皮闹的武器也不介意。11

月的最后一天，朱自清到友谊之家去听戴维斯（Davis）先生的课，题目是《旋律与本民族语言》。朱自清在日记中说："他很聪明而且富于幽默感，讲话清晰。我虽然不懂音乐，但很喜欢教堂唱诗班歌手们的歌唱。他们声音优美而自然，我过去从未听到过。找到了一个歌本，想按音符一个个地去学。戏剧、绘画和音乐将是我下学期感兴趣的学习科目，所以想事先准备一下，学一点入门知识。"朱自清对于音乐的兴趣，可能就是从这时候培养起来并决定买一架留声机的。1931年12月9日，朱自清日记云："黑格小姐告诉我她这两年读了很多书。"这句话也刺激了朱自清，觉得以前没有扎扎实实地阅读，现在得下决心去读了。朱自清又说："这一点是很关键的，不能再错过机会了！"10日傍晚，朱自清去听德拉马尔的讲课，在日记中说："比上星期能听懂的多了。他讲了塞恩茨巴里（Saintsbary）的《英语散文手册》，并提起乔治·扬（George Young）的名字。他说乔治·扬是专门研究现代英语格律的。"

伦敦大学形式多样的讲课形式，朱自清都喜欢听。1931年12月15日，朱自清因没能在大会堂听埃金·伦德（Edgen Lund）女士举行的午餐音乐会而遗憾，因为会上演唱了传统歌曲和民歌。16日，朱自清去听维奥莱特·奥尔福德（Violet Alford）小姐关于比利安民间习俗的讲课，朱自清在日记里说："里面的音乐很有趣。"朱自清还到英国国立美术馆去听有关色彩学的课。朱自清那天到那里时，讲课已开始。讲课的老师正在讲暖色和冷色。暖色和冷色跟实际生活中的冷暖没关系。暖色可以用来代表冬天，而冷色则可以用来代表夏天。讲课老师还认为橙色是最暖的色彩，旁边的蓝色则是最冷的。接着又讲各种色彩的协调和对比，就像音调的协调和对比一样。

这个学年的下学期，朱自清改到雨果语言学院上课了。1932年1月12日，朱自清到雨果语言学院听私人授课，教师叫鲍德温，朱自清听不大清，在日记中说："他的发音不像英国人，他发的有些音如'p'，'o'，'wh'或多或少有点像法语的发音。我很失望，想跟办公室商量换个老师，但又拿不准换上来的老师是否就会好些。我现在才知道雨果语言学院是一种商业性的组织。后悔没找帕金森小姐向我推荐过的三位老师。"朱自清因此对校方提出了意见。14日这天，朱自清日记云："我对雨果语言学院的意见发生了作用，该院办公人员指定一个伦敦人来做我的指导教师。不过，我对这位教师仍然没有多大信心。我后悔仓促地到一个法国学校来听英语的私人授课。"15日，朱自清新的老师来了，他叫马特（Matt），马特先生的发音很好，但他本人好像不太严肃，朱自清不喜欢他的关于语言学的传统观念，很后悔参加雨果语言学院的私人授课了。这种纯商业性质的授课方法，让朱自清特别不满，在19日的日记中说："穷于应付老师和指导教师留下的家庭作业，我感到把那么多的时间花在作业上未免有点冤。我现在急需的是提高阅读能力和扩大词汇量。再说，这位指导教师是个能力平常的人，尽管他发音不错，但这个人对他自己国家的语言知道得并不多。"

很快，伦敦的春天到了。伦敦的春天很美，阳光也多了起来，朱自清在上课之余加紧了他的游览，仅在3、4月里，朱自清就看了十几家各类博物馆，对于上课，也开始有意地放缓了，一方面是对老师不满，还有一层原因，是朱自清对于他想了解的东西已经有了基本的认知和把握，接下来只需要消化即可。他在1932年4月13日的日记中，记述了他的这种心态："史蒂文森先生搞了个意外的考试，一点也不懂他上星期三讲了些什么，不过我把该做的答题都做了，我对考试毫无兴趣，对考得好坏甚至能否及格，都不存奢望。"但有兴趣的课朱自清也会听得认真，如听基特里奇所讲的《李尔王》，他在日记上就概要地写道："包括三个方面：1. 主要情节；2. 次要情节；3. 李尔王的疯狂（人类的本性）。"这也是朱自清在伦敦的最后一节课。这节课之后，朱自清就完全放飞了自己，开始云游伦敦及欧洲大陆的计划了。

总之，朱自清在伦敦的七八个月里，在伦敦大学和雨果语言学院认真学习、听课，圆满完成了自己预先制订的学习计划，接下来的观光和游览，同样是学习的一部分。

购书成瘾

1931 年 10 月 7 日，朱自清日记云："下午赴剑桥印刷展览会，颇有意思，赠目录二册。有一《圣经》最名贵。余购《诗与音乐比较》一册，此为在英所购第一书也。见琼斯（Jeans）所著之《我们周围的宇宙》（*Universe Around Us*）和《神秘的宇宙》（*A Mysterious Universe*）与怀特海德（Whitehead）的《科学和现代世界》，颇思购之。又昨见罗素（Russell）所著《科学展望》一书与其两种哲学大纲，皆应读也。"又说："至邦普斯（Bampus）（即展览会所在）装订处，见有新装订数书，以抽象派形式（Abstract Form）饰书面，甚美观（皮装、金饰）。又见一中世纪书叶式之祷词，颇思得之，以太贵而罢（二十一先令）。"从文字中，能感觉到朱自清购书的愉悦和对好书的向往。

朱自清爱书，到哪里都喜欢逛书店，淘书、购书。这次伦敦游学，更是开启了疯狂的购书模式，他的日记中，经常有购书的记录，也有多次购书后的后悔或购书太多的警示或牢骚话。但是，书，对于像朱自清这样一个作家型学者，又是不可或缺的知识源泉。同时，他又把访书、淘书、买书、逛书店当成一种乐趣。在 1931 年 10 月 15 日，他开列的想读之书的书单中，就有这样一些作家：小说家有贝内特、哈代、劳伦斯、韦尔斯、康拉德、尼瑞第斯；诗人有梅斯费尔德、瓦特·德拉穆尔、哈代、豪斯曼；剧作家有萧伯纳、巴里、高尔斯华绥；散文作家是斯特雷奇、贝洛克。这份名单既全面，又代表当时英国作家的最高水准。

可惜游学的费用不多，不能满足他的买书需求，否则，他可能会把自己租住的房间当成一个书库的。即便如此，买书还是他的一笔大开销，如 1931 年 10 月 19 日日记云："今日大购书，计得《今日之诗》《各国歌谣》《诗艺》《英国文学小史》《爱书人闲话》《文体论集》诸书，又订牛津版莎翁全集、柴尔德（Child）《英国歌谣集》二书。"这确实是一个大书单，仅一套莎翁全集就该花费不少钱吧。但这些书又确实是他需要的，朱自清是五四以后新诗人的代表之一，在清华大学既从事旧诗研究，又从事现代诗的研究，《今日之诗》《诗艺》这些诗学方面的专著，是他必须要解读的，《各国歌谣》《英国歌谣集》两种书同样是他在教学上需要补充的材料，因为朱自清在清华大学开了"歌谣"的选修课，这项工作还在研究中，参考书越多越有助于他的教学和研究。另外几本书也是必须要读的。可能是意识到自己购书有些盲目了吧，朱自清在日记中经常警醒自己"加意""节制"，但还是不能自控，"下午赴诗集书店，购书甚多。余近来食糖、购书之无节制与国内同，大宜注意！"（1931年10月23日）"在福伊尔斯观书甚久，购书数种，均尚惬意。"（1931年10月31日）"买了四本书，花去一镑多钱，这些书并非急需，怎样才能控制自己在买书上的挥霍浪费呢？"（1931年12月7日）像朱自清这样的纠结，相信许多爱书人都有过的。朱自清曾经说过："买书也是我的嗜好，和抽烟一样。"所以在英国，他虽常常警醒自己，也无意改掉。书店照去，书照买，要节制买书的话依旧照说。号称"世界上最大的新旧书店"的福也尔，也常常有朱自清的身影。这家书店被喻为"好像掉在书海里"，有新旧两座大楼，都是四层，分了二十五个部，仅店员就有二百多人。地下室里都是旧文学书。朱自清一有空就来逛，挑挑拣拣淘了不少打折的特价书。朱自清在《加尔东尼市场》一文中写到的旧书铺子，也去逛过几次，文章中有这样的描写："先到外头一家旧书铺。没窗没门。仰面灰蓬蓬的，土地，刚下完雨，门口还积着个小小水潭儿。从乱书堆中间进去，一看倒也分门别类的。'文学'在里间，空气变了味，扑鼻子一阵阵的——到如今三年了，不忘记，可也叫不出什么味。《圣经》最多，整整一箱子。不相干的小说左一堆右一堆；却也挑出了一本莎翁全集，几本正正经经诗选。莎翁全集当然是普通本子，可是只花了九便士，才合五六毛钱。铺子里还卖旧话匣片子，不住地开着让人听，三五个男女伙计穿梭似地张罗着。别几家铺子没进去，外边瞧了瞧，也一团灰土气。"

所买的书籍当中，有不少是关于音乐的。类似于音乐简史、音乐欣赏指南什么的，他也都买，在读到一本《弥赛亚》时，朱自清称赞这本书"文字简单明了，具有诗一样的力量，对音乐阐述得非常透彻"。那必须要下手了。

在《伦敦杂记》中，朱自清还专门写了一篇《三家书店》，介绍了伦敦三家旧书店的各自特色，可以看成是朱自清在伦敦购书的缩影。这三家旧书店和加尔东尼市场的旧书摊一样，都是以旧书为主，其位置集中在切林克拉斯路（Charing Cross Road，今通译查令十字路）上，朱自清在《三家书店》的开头有介绍："那是热闹地方，顶容易找。路不宽，也不长，只这么弯弯的一段儿；两旁不短的是书，玻璃窗里齐整整排着的，门口摊儿上乱哄哄摆着的，都有。加上那徘徊在窗前的，围绕着摊儿的，看书的人，到处显得拥拥挤挤，看过去路便更窄了。摊儿上看最痛快，随你翻，用不着'劳驾''多谢'；可是让风吹日晒的到底没什么好书，要看好的还得进铺子去。进去了有时也可随便看，随便翻，但用得着'劳驾''多谢'的时候也有；不过爱买不买，决不至于遭白眼。说是旧书，新书可也有的是；只是来者多数为的旧书罢了。"朱自清先介绍的就是如前所述的福也尔那家，也即最大的一家，朱自清在文章中写到了淘书的乐趣："我的一本《袖珍欧洲指南》，就在这儿从那穿了满染着书尘的工作衣的店员手里，用半价买到的。在摊儿上翻书的时候，往往看不见店员的影子；等到选好了书四面找他，他却从不知哪一个角落里钻出来了。但最值得流连的还是那间地下室；那儿有好多排书架子，地上还东一堆西一堆的。乍进去，好像掉在书海里；慢慢地才找出道儿来。屋里不够亮，土又多，离窗户远些的地方，白日也得开灯。可是看得自在；他们是早七点到晚九点，你待个几点钟不在乎，一天去几趟也不在乎。只有一件，不可着急。你得像逛庙会逛小市那样，一半玩儿，一半当真，翻翻看看，看看翻翻；也许好几回碰不见一本合意的书，也许霎时间到手了不止一本。"

朱自清又介绍了牛津街上的那一家。虽然牛津街是伦敦的东西通衢，繁华无比，寸土寸金，"但也有一家大书铺，叫做彭勃思（Bumpus）的便是。这铺子开设于一七九〇年左右，原在别处；一八五〇年在牛津街开了一个分店，十九世纪末便全挪到那边去了，维多利亚时代，店主多马斯彭勃思很通声气，来往的有狄更斯，兰姆，麦考莱，威治威斯等人；铺子就在这时候出了名"。这家铺子有多大呢？文章中写道："是五层大楼……下层卖新书，三楼卖儿童书，外国书，四楼五楼卖廉价书；二楼卖绝版书，难得的本子，精装的新书，还有《圣经》，祈祷书，书影等等，似乎是菁华所在。他们有初印本，精印本，著者自印本，著者签字本等目录，搜罗甚博，福也尔家所不及。新书用小牛皮或摩洛哥皮（山羊皮——羊皮也可仿制）装订，烫上金色或别种颜色的立体派图案；稀疏的几条平直线或弧线，还有'点儿'，错综着配置，透出干净，利落，平静，显豁，看了心目清朗。装订的书，数这儿讲究，别家书店里少见。书影是仿中世纪的抄本的一叶，大抵是祷文之类。中世纪抄本用黑色花体字，文首第一字母和叶边空处，常用蓝色金色画上各样花饰，典丽乔皇，穷极工巧，而又经久不变；仿本自然说不上这些，只取其也有一点古色古香罢了。"就是在这家旧书店里，还于1931年举行了两次展览会，朱自清文章中也有介绍："一回是剑桥书籍展览，一回是近代插图书籍展览，都在那'会议厅'里。重要的自然是第一回。牛津剑桥是英国最著名的大学；各有印刷所，也都著名。这里从前展览过牛津书籍，现在再展览剑桥的，可谓无遗憾了。这一年是剑桥目下的辟特印刷所（The Pitt Press）奠基百年纪念，展览会便为的庆祝这个。展览会由鼎鼎大名的斯密兹将军（General Smuts）开幕，到者有科学家詹姆士·金斯（James Jeans），亚特·爱丁顿（Arthur Eddington），还有别的人。展览分两部，现在出版的书约莫四千册是一类；另一类是历史部分。剑桥的书字型清晰，墨色匀称，行款合式，书扉和书衣上最见功夫；尤其擅长的是算学书，专门的科学书。这两种书需要极精密的技巧，极仔细的校对；剑桥是第一把手。但是这些东西，还有他们印的那些冷僻的外国语书，都卖得少，赚不了钱。除了大学印刷所，别家大概很少愿意承印。剑桥又承印《圣经》；英国准印《圣经》的只剑桥牛津和王家印刷人。斯密兹说剑桥就靠《圣经》和教科书赚钱。可是《泰晤士报》社论中说现在印《圣经》的责任重大，认真地考究地印，也只能够本罢了。——一五八八年英国最早的《圣经》便是由剑桥承印的。"而近代插图书籍展览，是在圣诞节前不久，朱自清在文章中写道："大约是让做父母的给孩子们多买点节礼吧。但在一个外国人，却也值得看看。展览的是七十年来的作品，虽没有什么系统，在这里却可以找着各种美，各种趋势。插图与装饰画不一样，得吟味原书的文字，透出自己的机锋。心要灵，手要熟，二者不可缺一。或实写，或想像，因原书情境，画人性习而异。——童话的插图却只得凭空着笔，想象更自由些；在不自由的成人看来，也许别有一种滋味。看过赵译《阿丽思漫游奇境记》里谭尼尔（John Tenniel）的插画的，当会有同感吧。——所展览的，幽默，秀美，粗豪，典重，各擅胜场，琳琅满目；有人称为'视觉的音乐'颇为近之。最有味的，同一作家，各家插画所表现的却大不相同。譬如我默伽亚谟（Omar Khayyam），莎士比亚，几乎在一个人手里一个样子；展览会里书多，比较着看方便，可以扩充眼界。插图有'黑白'的，有彩色的；'黑白'的多，为的省事省钱。就黑白画而论。从前是雕版，后来是照相；照相虽然精细，可是失掉了那种生力，只要拿原稿对看就会觉出。这儿也展览原稿，或是侯笔画，或是水彩画；不但可以'对看'，也可以让那些艺术家更和我们接近些。《观察报》记者记这回展览会，说插图的书，字往往印得特别大，意在和谐；却实在不便看。他主张书与图分开，字还照寻常大小印。他自然指大本子而言。但那种'和谐'其实也可爱；若说不便，这种书原是让你慢慢玩赏的，哪能像读报一样目下数行呢？再说，将配好了的对儿生生拆开，不但大小不称，怕还要多花钱。"朱自清因为年轻时曾和俞平伯等人编辑出版过《我们的七月》《我们的六月》等图书，加上和从事出版业的叶圣陶、王伯强、郑振铎等人是朋友，对图书出版的流程都很精通，所以他能看出门道来，在访书、淘书中，都能有所比较，心中有数。

介绍的第三家书店叫诗籍铺（The Poetry Bookshop），是一家迷你小店，一听这名字就知道和诗有关。朱自清在《三家书店》里说："在一个大地方的一道小街上。'叫名'街，实在一条小胡同吧。门前不大见车马，不说；就是行人，一天也只寥寥几个。那道街斜对着无人不知的大英博物院；街口钉着小小的一块字号木牌。初次去时，人家教在博物院左近找。问院门口守卫，他不知道有这个铺子，问路上戴着常礼帽的老者，他想没有这么一个铺子；好容易才找着那块小木牌，真是'远在天边，近在眼前'。这铺子从前在另一处，那才冷僻，连裴歹克的地图上都没名字，据说那儿是一所老宅子，才真够诗味，挪到现在这样平常的地带，未免太可惜。那时候美国游客常去，一个原因许是美国看不见那样老宅子。"这家旧书店的店名很有特色，是诗人赫洛德·孟罗（Harold Monro）在1912年创办的，取极富诗意的"诗籍铺"，顾名思义，是一家专卖诗歌的旧书铺子。这个旧书铺的名气，不是来自卖书，而是常搞些读诗会。朱自清在文中介绍说："星期四晚上准六点钟起，在一间小楼上……从创始以来，差不多没有间断过。前前后后著名的诗人几乎都在这儿读过诗；他们自己的诗，或他们喜欢的诗。入场券六便士，在英国算贱，合四五毛钱。在伦敦的时候，也去过两回。那时孟罗病了，不大能问事，铺子里颇为黯淡。"孟罗即书店老板，也是诗人，"两回都是他夫人爱立达·克莱曼答斯基（Alida Klementaski）读，说是找不着别人。那间小楼也容得下四五十位子，两回去，人都不少；第二回满了座，而且几乎都是女人——还有挨着墙站着听的。屋内只读诗的人小桌上一盏蓝罩子的桌灯亮着，幽幽的。她读济慈和别人的诗，读得很好，口齿既清楚，又有顿挫，内行说，能表出原诗的情味。英国诗有两种读法，将每个重音咬得清清楚楚，顿挫的地方用力，和说话的调子不相像，约翰·德林瓦特（John Drinkwater）便主张这一种。他说，读诗若用说话的调子，太随便，诗会跑了。但是掺用一点儿，像克莱曼答斯基女士那样，也似乎自然流利，别有味道。这怕要看什么样的诗，什么样的读诗人，不可一概而论"。介绍了读诗会，朱自清再来介绍这家旧书店："铺子在楼下，只一间，可是和读诗那座楼远隔着一条甬道。屋子有点黑，四壁是书架，中间桌上放着些诗歌篇子（Sheets），木刻画。篇子有宽长两种，印着诗歌，加上些零星的彩画，是给大人和孩子玩儿的。犄角儿上一张账桌子，坐着一个戴近视眼镜的，和蔼可亲的，圆脸的中年妇人。桌前装着火炉，炉旁蹲着一只大白狮子猫，和女人一样胖。有时也遇见克莱曼答斯基女士，匆匆地来匆匆地去。"但是，书店创始人孟罗于1932年3月15日去世了。朱自清在文章的最后说："第二天晚上到铺子里去，看见两个年轻人在和那女人司账说话；说到诗，说到人生，都是哀悼孟罗的。话音很悲伤，却如清泉流泻，差不多句句像诗；女司账说不出什么，唯唯而已。孟罗在日最尽力于诗人文人的结合，他老让各色的才人聚在一块儿。又好客，家里炉旁（英国终年有用火炉的时候）常有许多人聚谈，到深夜才去。这两位青年的伤感不是偶然的。他的铺子可是赚不了钱；死后由他夫人接手，勉强张罗，现在许还开着。"

朱自清着重介绍的这三家书店，不过是他经常逛的书店的一部分，在大学里，在博物馆里，在别的地方，只要有书店，他都要进去看看，一般都不会空手而归。此外，他还根据平时上课需要和参观时所想，在日记里记上打算读的书，如1932年1月21日，就列了一份长长的书单，其中有《韦尔斯的简明史》《神话故事》《莎士比亚故事集》等，还有许多现代作家的名单，2月12日，又提到了《成语和寓言词典》《现代艺术动向》《艺术的心理分析》《从分析中了解你自己》《好伙伴》《街》《文学名流》等。在不断购书之后，朱自清于1932年3月17日日记中说："订购了一批我认为非买不可的书，希望这是我在伦敦所要买的最后一批。"

关于在伦敦购书的经历，几年以后，朱自清在散文《买书》里还有回忆："在伦敦的时候，从寓所出来，走过近旁小街。有一家小书店门口摆着一架旧书。上前去徘徊了一下，看见一本《牛津书话选》（*The Book Lovers' Anthology*），烫花布面，装订不马虎，四百多面，本子也不小，准有七八成新，才一先令六便士，那时合中国一元三毛钱，比东安市场旧洋书还贱些。这选本节录许多名家诗文，说到书的各方面的；性质有点像叶德辉氏《书林清话》，但不像《清话》有系统；他们旨趣原是两样的。因为买这本书，结识了那掌柜的；他以后给我找了不少便宜的旧书。有一种书，他找不到旧的，便和我说，他们批购新书按七五扣，他愿意少赚一扣，按九扣卖给我。我没有要他这么办，但是很感谢他的好意。"

朱自清在伦敦游学的后期，可能是因为即将结束在伦敦的学习生活，接着又要在欧洲旅行两个多月，一是无时间逛书店，二是不便于携带，朱自清确实没有再买书了。

看戏、观影也疯狂

　　朱自清在伦敦的学习，充实而紧凑。但作为中国名牌大学的教授，并非一定要坐在课堂里听课才是学习，看各类演出，参观博物馆，参观名人故居，逛书店、逛公园，都是学习的一部分。据他自己统计，仅从 1931 年 9 月到了伦敦，至年底，共看了 27 场演出，平均四五天就看一次。歌剧《船夫们》《修改者》《橘黄色的秋天》，还有喜剧《皇家禁卫军》、戏剧《巴雷茨》等都给他留下了很深的印象。至于莎翁的戏，在英伦可是经常有演出的，他更不会错过这个机会，《罗密欧与朱丽叶》《奥赛罗》《哈姆雷特》《威尼斯商人》等，特别是 1932 年 5 月 3 日至 5 日，朱自清在莎士比亚纪念剧场连看四部莎翁的戏，即《李尔王》《凯撒大帝》《第十二夜》《皆大欢喜》。在《伦敦杂记·自序》里，朱自清写道："在英国期间，赶上莎士比亚故乡新戏院落成……我们连看了三天戏，那几天看的，走的，吃的，样样都有意思。"看原汁原味的英语演出，既有剧情可以观赏，又可学到语言艺术，这是所有大学课堂里都学不到的。从这个角度看，朱自清拒绝皇家学院里德教授的课程是有道理的。朱自清看演出，不仅观赏剧情，学习语言，扩大眼界，他是真正的研究，不少戏剧看完后，还想方设法找来原文剧本和相关评论，阅读研究，了解相关的戏剧艺术知识。

朱自清日记里，详尽地记录了其看各类演出和观影的日期和经过，并有切中要害的简短评论——

1931 年 9 月 23 日，朱自清在日记里写道："与王、赵二君至普拉札，观塔布，写原始生活，别有风味，跳舞亦佳。费三先令六，甚贵。"这里的"王、赵二君"分别是王赣愚和赵忠尧。王赣愚在本书《初到伦敦》一章里已有介绍。赵忠尧生于1902 年，浙江诸暨人，1924 年东南大学毕业后留校任教，次年到清华任教，和朱自清到清华任教是同一时期。赵忠尧 1927 年留学美国加州理工学院，1930 年获博士学位，1931 年秋，赵忠尧到英国剑桥大学卡文迪许实验室，与原子核大师卢瑟福（E. Rutherford）一起工作，已经是一位很有成就的科学家了。朱自清刚到伦敦时，和王赣愚、赵忠尧接触较多，一起下馆子，一起逛公园，一起参观展览，也有这次看演出。本月 27 日，朱自清日记云："饭后由牛津街归，过艺术协会（Academy）见广告詹宁斯（Jannings）演《伪君子》及《新苏俄之成就》，名满全球，为所动。观毕，大失望。前片甚简单，去改译剧本尚远，遑论其他！后片幼稚已极，就是纪事，劣等之纪事，无丝毫艺术可言！以后仍以信从报纸所载为是。"这天，朱自清的新房东罗宾森约朱自清下午喝茶，朱自清又请他到海德公园听音乐以示感谢，听完音乐后，一行人走出公园，看到的公园景色有乡野之趣，晚饭大约也是愉快的。所以才放松警惕，被路边广告所骗，看了两部劣质片子，但毕竟也是花钱买了个教训，能辨别片子的优劣，虽然同样也是学习的一部分，但毕竟心情受到了影响，以后看戏、观影，要多加小心了。本月 28 日，朱自清日记云："又至克沃特花园剧院（Covest Garden Theater）购票。"这天，在和王赣愚聊天时，说到艺术修养，王赣愚引美国一位教授的话说："谓举世之人，应能精通一种语言，能读二国语言，音乐图画中能一种，又能打球，斯为得之。"朱自清听后，深以为然。本月 29 日，朱自清又去看了一场歌剧，他在当天的日记中写道："晚观歌剧，用小望远镜甚费目力，剧以歌为主，知其佳而不知其所以佳。乐队甚佳。"这也是初到国外学习的中国学者的普遍现象，什么艺术都要接触，哪怕"知其佳而不知其所以佳"，也要感受一下这种艺术的氛围。

1931 年 10 月 1 日，朱自清在日记中写道："下午赴萨沃伊（Savoy）剧院观高尔斯华绥（Galsworthy）之《银盒》（Silver

Box），甚佳。"本月3日又云："下午赴德莱斯剧场（Daly's Theater）观配乐喜剧（musical comedy）《一个农村姑娘》。情节不甚了了，有白（自然）有艺术白，有歌唱。空气极轻快，甚可得喜剧之意义。"看完以后，意犹未尽，晚饭后又"赴皇后音乐厅（Queen's Hall，Promenade），票已没有，即购梅斯费尔德（Masefield）票一张，又取音乐会告白一束。赴马斯基林剧场（Maskelyne Theater）观杂耍，即变戏法，无甚意味，且有侮辱中国人处，余颇为不安也。价甚贵，自问近来太费，宜注意"。朱自清对于戏剧或电影中侮辱或调侃中国人的情节，一直都很反感，这次当然也不例外，同时也让他认识到，西方一部分人对中国人有偏见，而这种偏见，又不是一时两时能够改变的，朱自清在反感的同时，也非常无奈。本月22日朱自清日记云："下午与柳君赴学园剧场（Lyceum）看《轰动一时》，结构极奇，如电影，又如情节剧（Melo-Drama），情节殊不了了。今日未听希腊讲演也。"这里的"柳君"，即柳无忌，是朱自清在清华大学的学生，后来成为同事。本月23日朱自清日记云："晚阅《商人的号角》（Trader Horn）电影，甚有意境，然与塔布（Tabu）同为原始派艺术（Primitive）。"本月31日朱自清日记云："晚至泰维斯托克地方（Tavistock Place）的小戏院听戏，甚易了解。"这个月，朱自清已经在伦敦大学正式听课了，学习英语语言和英语写作，课程非常繁重，常常因为学得不好

1932 年朱自清与外国友人

受到老师的冷嘲而自责，即便是在这种情况下，观影看剧还是没有间断，这也是他努力提高英语会话水平、写作水平和欣赏水平的一个有效途径。在这个月的 30 日致浦江清的信中，朱自清说："现在补习英文，亦颇忙碌。拟在伦敦住六七个月，希望能将读写培养至相当能力，庶有以对朋友。"又说："此间天气渐寒，但有日光时就和暖。此间现仍为秋季，但外国秋天，在弟似乎不大觉出它的味道。前日班上出一'伦敦之秋'的题目，弟作文即说不知伦敦秋是怎样。"作为汉语写作方面的大作家，遇到不熟悉的环境也是写不出文字来的。但我觉得凭朱自清的才华，完全是可以敷衍一篇的，写写自己在伦敦秋天里的感受和置身的自然环境和人文环境，或干脆就写秋而无秋味的感觉，千把字的作文应该不成问题——难为朱自清的，可能还是英文程度做不到像汉语写作那样游刃有余。所以，除了利用各种渠道加强学习外，也没有别的捷径可走。

1931年11月4日朱自清日记云："晚上去皇后音乐厅，花一个先令买了份节目单。尽管节目单里对每段音乐的内容作了介绍，但我还是听不懂。十点半钟回来时遇见了萨科威茨（Sakowitz）先生。我问他明天应怎样向R先生表示祝贺，他让我在生日卡上签名，还告诉我R夫人对我的中文署名比英文签名更喜欢，我按她喜欢的去签。"本月7日朱自清日记云："到老维克剧院去看《仲夏夜之梦》。这个戏把我们引入一个遥远的但并不陌生的境地。我注意地听着男女演员朗诵无韵诗，但由于缺乏训练，听不懂多少。"本月9日，朱自清日记云："奈德女士在莱西朗诵她的诗，我到那里时已弄不到入场券了，我很失望。这对我常犯的懒散和迟钝毛病是个很好的教训。后来到综艺剧场去看卓别林的《城市之光》，这个电影用幽默的手法表现悲剧，是我所知道的能体现卓别林这一特点的最佳之作。"本月14日，朱自清日记云："伯顿先生和威廉森小姐邀请我去用柠檬茶和糕点。他们同我谈得非常得体。我告诉他们下星期二想去戈尔登斯格林剧院看歌剧。他们劝我立刻打电话去订票。伯顿先生说着就去替我订了两张正厅前排的票，其中一张是给柳的，准备约他一起去看，但不知他喜不喜欢正厅前排的座位。罗宾森先生借给我《船夫们》一书，这正是下星期二要演的那出歌剧。"这里的柳还是柳无忌。朱自清为了看好这出歌剧，也是煞费苦心地做了案头工作，专门向房东借来歌剧的原著。在本月17日正式观看《船夫们》时，朱自清日记又写道："当我们到戈尔登斯格林剧院正厅头排座位时，女招待突然插过来给后来的人领路。我没有给她看票，也没说话。她担心地问我，同时好像又要走开的样子。这使我的自尊心受到了伤害。"但这并没有影响朱自清观戏的心情，"我们很欣赏歌剧《船夫们》，这是一种通俗喜剧。遗憾的是，尽管我昨天用心读了这个剧本，但还是听不懂多少"。本月21日，朱自清日记云："没能弄到一张德鲁瑞拉恩剧院的预订票。失望之余就到施斯托尔剧场去看电影《基基》和《陌生人的吻》。后者是诺马·希勃演的，结局欢快，但不是接吻。《基基》这部片子虽然是电影皇后演的，但完全是美国的无稽之谈。我非常喜欢希勃，她的形象是那样的美丽和高雅。"没弄到剧院的预订票，能看两场电影也不错，特别是看到自己喜欢的影后。心情愉悦的朱自清晚上又去看了一场戏。朱自清在当天的日记中说："晚上去塔维斯托克剧院，那里正在上演萧伯纳的第一个剧本，不过先演的是另一个剧本。这两个戏我都不能听懂全部内容，但我相信演员们演出萧伯纳的剧本是相当成功的。"萧伯纳是当时英国乃至整个欧洲最叫得响的剧作家，在世界范围内的影响力也很巨大。1933 年 2 月，萧伯纳曾来到中国做短暂访问，引起了文坛的轰动，特别是在上海，受到宋庆龄、蔡元培、鲁迅、林语堂等人的接待，许多文坛人士为能一见萧伯纳而感到荣耀，鲁迅因此还写了两篇关于萧伯纳的文章，分别是《看萧和"看萧的人们"记》《〈萧伯纳在上海〉序》。本月 25 日，朱自清日记云："到马戏场去看旅行剧团的歌舞演出。这是一种新的配乐喜剧。女演员与剧中的农村姑娘差别不大，使我好像置身于故事发生的场合。我能听懂很多，也可能我的判断是错的。票价昂贵而座位很不舒服。"本月 28 日，朱自清日记云："未到小剧院去，柳劝我别去看《银索》这个戏，因为其中有一两句话侮辱中国人。"柳无忌和朱自清一样，对于污辱中国人的戏剧或电影，他们都拒绝观看。

1931 年 12 月 3 日，朱自清日记云："到蒂沃利剧院看康戈瑞斯舞，真是枯燥之味。但歌唱场面相当壮观。乐队的音响效果不好，听来杂乱无章，引起观从很大不满，到处是批评声。另一个美国拍的影片《我投降，亲爱的》更是枯燥。我认为美国人最善于演诙谐电影。"又说："动画片《到处捕鱼》倒是有点与众不同，它把传统的表现手法降低到最小限度。"朱自清于当天晚上，又去看了场歌剧，当天的日记说："晚上到金斯韦剧院去看俄国歌剧《修改者》，这是果戈理的作品，曾译成中文，但我没有读过。这个歌剧以动作来表现意境，不懂俄文也能看懂。粗犷的风格使之很有特点。"喜欢的戏剧，回到住所后，还要深度消化和吸收，这样才能收到更好的效果。朱自清在日记中又说："回来以后，读《泰晤士报》和《观察家》上有关这方面的评论。"本月5日，朱自清日记云："同S先生和R夫人一起到萨德拉斯韦尔斯剧院看戏，买到了正厅后座的票。这出戏的服装和布景不大好，但演技不错，也算是个补偿。"又说"在《泰晤士报》上读到一篇关于瑞典歌剧和剧院的通讯，真是有趣极了，特别是有关瑞典歌剧的发展史，报道得极为详尽"。本月9日，朱自清日记云："到塔维斯托克剧院去看《皇家禁卫军》，这些业余艺术家们的演技有时真是不可信，他们根本不能胜任演喜剧。"本月12日，朱自清日记云："我们到菲尼克斯剧院去看《小小凯瑟琳》，对话很清晰，戏装也很华丽。"本月17日，朱自清日记云："从维也纳来的华尔兹舞剧团的演出看上去有点单调；但布景和服装相当华丽。所以倒不如说它是一场壮丽的露天演出。该剧有点矫揉造作，至少编剧想把主题渲染得很深奥。不知道原作怎么样，因为有时翻译是很靠不住的。"本月18日，朱自清日记云："同陶、柳一起去帕拉达姆剧院，我很喜欢柏林国家剧院的六位舞蹈演员的表演，特别是《人和机器》，使我赞叹不已，八位穿黑条纹衣服的演员的舞蹈也不错。

陶告诉我，这种舞叫爵士舞，他还说有关爵士音乐和歌曲的书已出了不少。"本月 22 日，朱自清日记云："同陶先生一起去看《好伙伴》一剧，我的听力根本跟不上，可能这就是 R 夫人所说的地道的对话剧。由于这个戏的重点是对白，而我对剧情也只有概括的了解，因此不敢妄加评论。"本月 23 日，朱自清日记云："去温尔大街的皇后剧院看《巴雷茨》，尽管有很多内容我听不懂，但我认为这是我在伦敦看过的最好的戏剧了。从中得到一种美的感受，那是在其他剧里从未得到过的。"本月 28 日，朱自清日记云："看《彼得·潘》一剧。这个戏一定会受到孩子们的欢迎，但对成年人来说，局限性未免太大了。所以我们并不很欣赏它。"本月 30 日朱自清日记："在歌剧院门口买了个小凳子，以便坐下来等候。一个奥地利姑娘文质彬彬地同我攀谈起来，由于我在等王和陶，所以不能同她长谈。她是个细弱而美丽的姑娘。王和陶直到演出之前几分钟才来到。陶很喜欢这个歌剧——《橘黄色的秋天》。它对英国的习俗惯例作了一些讽刺，让观众看后细细地去体味和沉思。正像陶所说，演员的技巧达到了炉火纯青的地步。这是我在伦敦看到的第三个最使我满意的歌剧。"随着观剧的不断增多，朱自清的英语听力和欣赏水平也得到了很大的提高，对一些戏剧的评论也越来越准确。朱自清日记中所说的"陶"，即陶燠民，于 1925 年考入清华大学，1929 年毕业，是朱自清的学生，1930 年与吴宓等同赴欧洲游学，先在巴黎大学学习语音学，后经老师吴宓介绍，到伦敦大学教汉语。朱自清在伦敦大学旁听期间，和陶燠民多有交往。一起看戏观影，一起吃饭，一起散步闲谈，一起讨论时事，他和柳无忌、王赣愚等人是朱自清欣赏的几个学生兼好友。

1931 年过去了，朱自清在忙忙碌碌中，迎接了 1932 年的到来。

在新的一年里，朱自清看戏和观影依然照旧。1932 年 1 月 1 日，朱自清在去邮局办事后，想弄一张 2 日民间舞蹈节的票，但费了很多周折也没弄到。下午，和清华大学校友在福耶尔苏伊斯饭店谈话时，又想在晚饭后看莫斯科艺术剧院的演出，也没有看成。好在第二天一整天，朱自清都把时间花在了文娱活动上，看杂技演出，又看英格兰和西班牙的民间舞蹈。本月 5 日，又和陶燠民等人去看了一场戏，朱自清在当天的日记中说："这个戏与其说戏剧性强，倒不如说新闻性强。"本月 13 日，朱自清到莱赛姆剧院去看《灰姑娘》，他在当天的日记中说："听剧中的对白比较吃力，但总的来说，我很欣赏这个戏，也喜欢那些芭蕾舞和布景。这个戏可以说是老少皆宜，不像《彼得·潘》那样只适合孩子们看。"本月 16 日，朱自清到吉斯巴恩宫剧场去看电影《长腿爹爹》。这部片子朱自清觉得不错，认为对慈善机构的讽刺相当有力。不过，对于电影中的主题仍然落在慈善事业上，有不同意见，认为只是另一种形式罢了。朱自清在日记中说："男主角的行为是对的。但女主角为什么爱上一个她从没有见过面的人呢？那当然是出于感激。这里就有两点值得商榷：第一，对一个摩登女郎来说这样的事情是太不可思议了；第二，它吹捧富翁，把他们表面上对穷人的施舍当成是最高的美德。这完全是资本主义的观念。"看完这部电影后，又"在新剧场看《伯克和海尔的罪恶》，一点也不令人激动。当剧中的第一起谋杀案件发生时，观众都笑了，因为这种气氛确实太过时了，令人不得不笑。第一起谋杀案件的情节还说得过去，比较曲折离奇"。本月 19 日，朱自清为了请歇卜士夫人和小姐看戏，在莱塞姆剧院订了四张 20 日的戏票。看戏这天，朱自清对演出的《白马客栈》非常欣赏，认为布景和服装妙极了，而且舞台可以旋转。虽然主要的喜剧演员演得不怎么样，但另一个由乔治·吉（George Gee）扮演的角色，踢踏舞跳得非常熟练。本月 22 日，朱自清在艾德尔菲剧院订了一张票，准备于下个月的 3 日下午看歌剧《海伦》，这个歌剧是马克思·赖因哈特（Max Reinhardt）教授导演的，由科克伦主演。这天是星期五，朱自清又订了一张星期天在帕拉达姆剧院举行的音乐会的票。但是，朱自清频繁地看戏、观影，也引来了朋友的非议，在本月 23 日，朱自清和柳无忌及一个鲁姓朋友一起吃饭。鲁建议去帝国剧院看嘉宝演出时，朱自清透露了 24 日要去听音乐会的事。鲁说了朱自清"根本听不懂还要去听"的话，让朱自清的自尊心受到很大伤害。其实朱自清是很懂音乐的，在这次英国学习和游览期间，还买了留声机和许多古典音乐的唱片。本月 26 日，朱自清订了一张 28 日在恩巴塞剧场演出的戏票，这个戏的名字叫《五呎深》，"呎"是英制长度单位。朱自清在日记中说这出戏"多少有点红色"的意味。本月 27 日，朱自清在爱奥尼亚剧场看电影《南希·卡罗尔和鲁思·查特顿》。本月 28 日，朱自清订了一张 30 日在萨德勒韦尔斯剧院演出的芭蕾舞票，然后才去恩巴塞剧场看《五呎深》，朱自清在当天的日记中说："这是个空想主义的戏，有的甚至是说教性的。显然是受苏俄意识形态的影响，但还不敢同苏俄的思想体系进行比较对照。剧情的结构有些松散。女雕塑家的时髦服装很吸引人。当然，这些服装跟俄国人毫无关系。爵士乐曲和《五呎深》里的插曲是轻松愉快的。"本月 30 日在萨德勒韦尔斯剧院看芭蕾舞时，朱自清在日记里说："在萨德勒韦尔斯剧院看芭蕾舞。对我来说这有点新鲜。"早就预订的歌剧《海伦》于 1932 年 2 月 3 日在艾德尔菲剧院正式演出了，朱自清在日记里写了观后感想："场面豪华，极为壮观，具有典型的德国风格。"朱自清还欣赏编剧的才华，认为"其引人入胜的机智融贯于全剧"。

此后，一直到本年 5 月 13 日朱自清离开巴黎时为止，又看了戏剧《罗密欧与朱丽叶》《奥赛罗》《伊莱贾》《哈姆雷特》《马克莱广场》《李尔王》《凯撒大帝》《第十二夜》《皆大欢喜》《伤心之家》《威尼斯商人》《她屈从于征服者》等，还有电影《红鬃烈马》等。正如朱自清自己所说，仅在1931年底前，就看了二十七部戏剧，而在1932年上半年，观影看剧，一点也不比上一年少，所以这样算下来，在短短不到一年的时间里，朱自清看了五六十部西方舞台剧、音乐会，许多还是经典戏剧，基本上完成了他当初制定的对于西方戏剧艺术的考察，加上他对于电影、绘画、音乐、舞蹈、杂技等艺术门类的考察，不仅进一步认识了西方的戏剧艺术、电影艺术及其他流行的艺术形式，开阔了眼界，提升了艺术修养，还为他回国后从事中国文学艺术的研究，提供了有益的参考和借鉴。

闻听徐志摩惨死

朱自清在 1931 年 12 月 9 日致陈竹隐的信中，说到徐志摩因飞机失事而遇难，心情极其悲伤，用了一大段文字来表达自己的感想："徐志摩君惨死，令人恻恻！他无论有怎样虚悌的地方，到底是我们新诗坛一把手。这样年轻，这样意外的丧命，他真是死不瞑目的。至于陆小曼，自然可怜，但那又是另一回事了。他和陆的结合于他是并无所益的！这是他好朋友间的议论，我只转述罢了。我本想有机会乘一回飞机（在外国），这一来倒有些踌躇了。敝命虽无关得失，但自己也颇爱惜，所以大约决定不试了。——徐的惨死，浦江清先生说是像雪莱；那似乎是掉在海里死的，年纪也轻极了，英国十九世纪浪漫诗人。"从朱自清的信中可知，是浦江清在给朱自清的信中告诉他这一悲剧的。查朱自清日记，1931 年 12 月 7 日有这样的话："收到浦的一封伤感的信，它使我置身于阴沉的气氛里，虽然天气晴朗得出奇。"两天后，即 9 日这天，朱自清便在给陈竹隐的信中表达了自己悲哀的心情和对于徐志摩之死的看法。奇怪的是，在朱自清收到浦江清的信的前两天，即 5 日那天，朱自清的日记中记述了一个可怕的梦："这两天夜里做了一些奇怪的梦。在其中一个梦里，我被清华大学解聘，并取消了教授资格，因为我的学识不足。在另一个梦里我遭到了枪击，两颗子弹没打中我，但第三颗击中了我。我感到一阵痉挛，并想在死以前把自己的心神集中一下，但却醒过来了。"用中国的传统观念来看，这个梦是个不祥之兆——毕竟朱自清和徐志摩既是学术中人又是作家中人，同属一个群体，有着无法摆脱的牵绊和联络。

朱自清和徐志摩的关系说不上密切。朱自清的文章中，最早出现徐志摩以及关于他诗歌的评论，是在诗论《新诗》一文中，这篇论文写于 1927 年 2 月 5 日，文中说："直到今年四月，闻一多、徐志摩诸先生出了一个《诗镌》，打算重温诗炉的冷火。他们显然要提倡一种新趋势；他们要'创造新的音韵，新的形式与格调'。这是《诗镌》同人之一，刘梦苇先生《中国诗底昨今明》一文中的话。此文印在去年十二月十二日的《晨报·副刊》上，虽不在《诗镌》时代，却可以代表《诗镌》的主张与工作。同文里又述闻一多先生的意见，说'中国诗似乎已经上了正轨'。这是指他们一派的新韵律的诗而言。后来刘

徐志摩

先生自己在《诗镌》里也说过同样的话。所谓新韵律，一是用韵，二是每行字数均等，三是行间节拍调匀；他们取法于西洋诗的地方，比取法于旧诗词的地方多。这种趋势，在田汉、陆志韦、徐志摩诸先生的诗中，已经逐渐显露，《诗镌》只是更明白地确定为共同的主张罢了。这种主张有它自己的价值，我想在后面再论。《诗镌》确是一支突起的异军，给我们诗坛不少的颜色！"这是朱自清对于徐志摩等人出版《诗镌》的肯定和欣赏。

此后，朱自清还在多篇文章中有所论及，如散文集《背影》的序里，朱自清在说到中国现代文学的作家受到外国文学的影响时，从周作人说起："周先生自己的书，如《泽泻集》等，里面的文章，无论从思想说，从表现说，岂是那些名士派的文章里找得出的？——至多'情趣'有一些相似罢了。我宁可说，他所受的'外国的影响'比中国的多。而其余的作家，外国的影响有时还要多些，像鲁迅先生，徐志摩先生。历史的背景只指给我们一个趋势，详细节目，原要由各人自定；所以说了外国的影响，历史的背景并不因此抹杀的。"虽然只是一笔带过，也可见徐志摩在朱自清心中的分量了。在《论中国诗的出路》一文中，朱自清说："徐志摩先生是试用外国诗的音节到中国诗里最可注意的人。他试用了许多西洋诗体。朱湘先生评志摩的诗一文（见《小说月报》十七卷一号）中曾经列举，都有相当的成功。近来综观他所作，觉得最成功的要算无韵体（Blank Verse）和骈句韵体。他的紧凑与利落，在这两体里表现到最好处。别的如散文体姑不论，如各种奇偶韵体和章韵体，虽因徐先生的诗行短，还能见出相当的效力，但同韵的韵字间距离太长，究竟不能充分发挥韵的作用。"在语文杂感《论白话》一文中，朱自清也列举了徐志摩："徐志摩先生的诗和散文虽然繁密，'浓得化不开'，他却有意做白话。他竭力在摹效北平的口吻，有时是成功的，如《志摩的诗》中《太平景象》一诗。又如《一条金色的光痕》，摹效他家乡硖石的口吻，也是成功的。他的好处在那股活劲儿。有意用一个地方的活语言来做诗做文，他算是我们第一个人；至于他的情思不能为一般民众所了解，那是另一问题，姑且不论。"在诗论《诗与话》一文中，朱自清在评说陆志韦提倡的诗要用白话来表达时，说："陆先生是最早的系统的试验白话诗的音节的诗人，试验的结果有本诗叫做《渡河》，出版在民国十二年。记得那时他已经在试验无韵体了。以后有意的试验种种西洋诗体的，要数徐志摩和卞之琳两位先生。这里要特别提出徐先生，他用北平话写了好些无韵体的诗，大概真的在模仿莎士比亚，在笔者看来是相当成功的，又用北平话写了好些别的诗，也够味儿。他的散文也在参用着北平话。他是浙江硖石人，集子里有硖石方言的诗，够地道的。他笔底下的北平话也许没有本乡话道地，不过活泼自然，而不难懂。他的北平话大概像陆先生在《用韵》那篇文里说的，'是跟老百姓学'的，可是学的只是说话的腔调，他说的多半还是知识分子自己的话。"另外在《唱新诗等等》《关于"革命文学"的文献》《〈新诗歌〉旬刊》《〈中国新文学大系〉诗集导言》《选诗杂记》《闻一多先生与新诗》《国语和普通话》等文章中，朱自清都有数次提及徐志摩和他的诗或有专门的短论。总的来讲，朱自清是欣赏并肯定徐志摩的新诗，并认同他是中国"新诗坛一把手"地位的。

其实，早在 1926 年 6 月 18 日，朱自清和徐志摩就有过通信，讨论的是关于李白的诗。6 月 23 日在《晨报·副刊》发表时，还加了个题目《关于李白诗——致徐志摩》，这是现今看到的朱自清致徐志摩唯一的一封信，全信照录如下：

志摩先生：

本月三日的《诗刊》里，有闻一多先生《英译的李太白》一文。文中说及《经乱离后天恩流夜郎忆旧游书怀赠江夏韦太守良宰》一诗；他说：

"太白这时贬居在夜郎，正在想法子求人援救。这回他又请求韦太守'勿弃贾生材'……"

我想闻先生也许错了。据我所知，太白虽以永王事长流夜郎，但未至夜郎，即遇赦得释。他有《流夜郎半道承恩放还兼欣克复之美书怀示息秀才》一诗，可以为证。诗题明说"半道承恩放还"，诗中亦有句云：

"去国愁夜郎，投身窜荒谷。半道雪屯蒙，旷如鸟出笼！"

王琦补订薛仲邕太白年谱说：太白得释后，"还憩江夏岳阳"。我想《赠韦太守》一诗，当即是此时所作。诗中所云"良牧（指韦）称神明，深仁恤交道"，是叙流夜郎过江夏时事。末节"传闻赦书至，却放夜郎回"以下，是叙得释后重至江夏时事，及其对韦太守及时局之希望；这篇诗便作于此时。此时韦太守已将解职入京；诗中说"勿弃贾生材"，正是望他荐举的意思，并非求他援救。这篇诗王琦注本及谬（日芑）本均列在《流夜郎半道承恩放还》一篇以前，其实是错的。王注次序是略依萧（士赟）本，他所补订的太白年谱中便不如是，《半道承恩放还》一篇明明列在《赠韦太守》一篇以前了。

这些本是些小问题，但《赠韦太守》一诗实在重要，所以我不避琐屑，写了许多话。这篇诗诚如闻先生所说，是"集中第一首长诗"。《柳亭诗话》（作者不知为谁，待考）说：

"李杜长篇，全集中不多见。《北征》一首，沉着森严，龙门叙事之笔也。'忆旧书怀'（即《赠韦太守》）一首，飘扬恣肆，南华寓言之遗也。'光焰万丈'，于此乎见之。"（王注《李集》三十四《丛说》中引）

其重要可知。又胡仔苕溪《渔隐丛话》前集五引荆公云：

"诗人各有所得：'清水出芙蓉，天然去雕饰'，此李白所得也。……"

这两句诗也便出在《赠韦太守》这一篇里。话有些出了题外了，就此"带住"吧。

朱自清在写这封信时，其时正在清华大学研究古代旧体诗，并且对李、杜诗专门下了一番功夫，在拟古诗词创作时，还拟李白的《菩萨蛮》作了一首词。所以他比较有把握和徐志摩讨论关于李白的这首诗。

在异国他乡的朱自清，突然闻听中国新诗第一人徐志摩遇难，给一个也曾从事新诗创作并在新诗研究领域倾注大量心血的学者、诗人来说，确实带来了不小的震动，他在致陈竹隐的信中所流露的情感和惋惜是真实的，因为这是他和陈竹隐的私信，两人又处在热恋中，要说的情话很多，却突然插入了关于徐志摩的这一段，说明徐志摩的死，给朱自清以较大的刺激和震动，也是朱自清对徐志摩中肯而诚实的评价，此评价，至少表现三个意思：一是，朱自清对徐志摩的遇难表示由衷的同情和极大的悲伤以及遗憾，用了"惨死""恻恻""死不瞑目"等词；二是，从内心里认同徐志摩"到底是我们新诗坛一把手"；三是，关于社会上沸沸扬扬的对于徐志摩和陆小曼的婚姻，朱自清不做评价，用"另一回事"带过。另外还有一点，就是认同浦江清认为徐志摩是中国的"雪莱"，不仅体现在才华方面，而且就连死也是相同的意外。

朱自清身在国外，他没有看到全国大大小小的报纸上关于徐志摩的悼念文章，但也不是完全不知道，他在给浦江清的回信中，提到《大公报》的《文艺副刊》时，就说了这样一句话："公超纪念徐志摩君一文甚佳。"

从欧洲回国以后，朱自清还一直关注徐志摩的相关信息，

1933 年 7 月 13 日，朱自清参加叶石荪为冯友兰、浦江清欧洲之行而举行的宴会，宴会结束后在和冯友兰闲谈时，大致知道徐志摩的遇难经过，朱自清在当天的日记中说："芝生晤保君建，谈徐志摩死情形。大抵正机师与徐谈文学，令副机师开车，遂致出事。机本不载客，徐托保得此免票。正机师开机十一年，极稳，唯好文学。出事之道非必由者，意者徇徐之请，飞绕群山之巅耶。机降地时，徐一耳无绵塞，坐第三排，正机师坐第二排，侧首向后如与徐谈话者，副机师只余半个头，正机师系为机上转手等戳入腹中，徐头破一穴，肋断一骨，脚烧糊。据云机再高三尺便不致碰矣。"朱自清记述的口气和笔调颇有惋惜之意。

值得补记一笔的是，年轻时曾在江南多地奔波、谋生的朱自清，经常往返于上海和江南各地，沪杭列车是他常乘的交通工具，这沪杭列车上，车窗外的江南美景和乡村丽色，常常触动他细腻的情思，让他有感而发，曾在列车上写过一首《沪杭道中》的小诗。家住浙江海宁硖石的徐志摩，因为徐家在上海和江南也有大量产业，同样常在两地奔走，敏感的徐志摩也有类似的一首小诗曰《沪杭车中》。为了对比两位诗人同一题材的诗，现照录如下。先看徐志摩的《沪杭车中》：

匆匆匆！催催催！

一卷烟，一片山，几点云影，

一道水，一条桥，一支橹声，

一林松，一丛竹，红叶纷纷：

艳色的田野，艳色的秋景，

梦境似的分明，模糊，消隐，——

催催催！是车轮还是光阴？

催老了秋容，催老了人生！

读徐志摩的诗，不仅有江南的秋色，感觉那列车正在行驶中，光阴也在行驶中，节奏快而时间紧迫，诗人的心也随着一道水一条桥一丛松竹的一闪而过，留在了美丽的水乡。

再看朱自清的《沪杭道中》：

雨儿一丝一丝地下着，

每每的田园在雨里浴着，

一片青黄的颜色越发鲜艳欲滴了！

青的新出的秧针，

一块块错落地铺着；

黄的割下的麦子，

把把地叠着；

还有深黑色待种的水田，

和青的黄的间着；

好一张彩色花毡呵！

一处处小河缓缓地流着；

河上有些窄窄的板桥搭着；

河里几只小船自家横着；

岸边几个人撑着伞走着；

那边田里一个农夫，披了蓑，戴了笠，

慢慢地跟着一只牛将地犁着；

牛儿走走歇歇，往前看着。

远远天和地密密地接了。

苍茫里有些影子，

大概是些丛树和屋宇罢？

却都给烟雾罩着了。

我们在烟雾里、花毡上过着；

雨儿还在一丝一丝地下着。

读朱自清的诗，宛如一幅江南春天的水墨画，清新而自然。

朱自清的诗有着和徐志摩的诗相同的意境，所不同的就是节奏的缓和心情的缓。都是写江南，一个写春，一个写秋，却是一样的风景，就连小河、小船、水田和板桥都是相似的。但朱自清的诗里有让人停下来看一看和想一想的景象，光阴也没有那样的飞速前行。细想一下，两个人的人生命运，居然也和各自呈现的诗意非常切合。

罗宾森夫人和房客们

　　朱自清到达伦敦，首要问题是解决住宿和吃饭。住所安顿好了，心才能定下来，才有可能完成自己的学习计划。1931年9月21日，朱自清从所住的米尔斯旅馆，移居到罗宾森夫人家。他在这天写给陈竹隐的信中说："今早搬到此地。此地房价较廉；我是希望练习语言的机会多些，因此地不是旅馆，是一种公寓性质。房东老夫妇二人，尚和气，他们似乎喜欢谈话，我盼望同他们多谈些。"在当天的日记里，朱自清有"屋太小，亦不甚称意"之句。由此，朱自清在伦敦有了一个稳定的住所，虽然房子小了点，因价格不贵，又有"和气"的老夫妇二人能"多谈些"话，朱自清还是决定长住下去。

　　罗宾森家还住有另外一些房客，从朱自清日记中大略知道有鲁滨孙、沙曼、威廉森小姐等几个外国人，此外，还有中国留学生郭先生和吕先生。关于郭、吕二位，在朱自清日记里初次出现是在 9 月 11 日和 12 日两天，先出现的是吕先生，11 日日记曰："晚吕君见告，科拉姆街（Coram St.）二十五号有屋甚廉，只二十五先令每星期。"12 日日记曰："郭、吕二君移至罗宾森（Robinson）夫人处。"朱自清不说"罗宾森先生处"，而说"罗宾森夫人处"，可能是因为罗宾森夫人平常比较强势，类似于中国的一家之主吧。或者这也是一种尊重女性的习俗也未可知。至于"郭、吕二君"，只知其姓，不知其名，他俩所入学校、所学专业也没有说明，大约不过是一般房客而已。

无论如何，朱自清在此后的一段时间内，要跟罗宾森夫妇和这些房客住在同一个屋檐下了。这些房客都有谁呢？除朱自清日记中时有出现外，他在 1931 年 10 月 21 日写给陈竹隐的信中，有较详细的介绍："这里现在有四个英国人，一德人，二印人，一美国人，一荷兰人。房东老夫妇二人。住客中女人凡二，一为英国人，一即荷兰人。英女在商店做事，荷女则在学校中，二人皆甚丑。英人殆三十余，荷人亦二十五六（看外国女人年岁，不大容易，少年人往往显得老，老年人却往往显得少）。荷人语音尖锐，听之伤耳。英人语言甚好。他们常在客厅跳舞。英女高极，比我怕要高一头半。她因礼貌关系，敷衍我几句话。她也问过我会跳舞否？我直说不会。男房东说，你看跳舞可怕吧。我说也并不。我心里想，若我会跳舞，跟这位英女跳，高低悬殊，岂非大笑话！"又说："此处中国人带太太者有三四人。有一四川人邹德高，其夫人四川人，不知姓名。又有一樊某之夫人亦四川人。你们贵省人真是走遍天下皆有。但此两夫人均瘦极，似乎还不如你呢。此处无单身中国女子留学生，又男学生娶中外杂种女子及外国女子者也有一二人，但所娶均女招待之类，再高则不会嫁中国人也。"从这个简介中，和朱自清相邻的房客结构基本清晰了。

通过短短二十多天的磨合，朱自清对他这个老年房东就开始心生不满了，1931年10月15日，朱自清在日记中说："听讲希腊诗与艺术家，幻灯片甚有味，言语殊不易了然，讲者年事已高，手颤不已。余殊为不安，罗宾森夫人与萨科威茨君亦在，余甚不喜欢罗宾森夫人。今早吃早饭时，彼入室，未见余，不知作何语，其夫嗫嚅示意。大要谓余迟到，实则余只迟到一二次。今早R夫人入时，加德君尚未入，而渠并不注意，可见为进餐之故也。"朱自清这里用了"彼"和"渠"两个人称代词，都是指罗宾森夫人。从这段话里，还知道朱自清把罗宾森夫人又称作"R夫人"，而且以后基本沿用了这一称呼，而另一个房客叫加德。至于罗宾森，朱自清日记中也简称R君了，10月27日朱自清日记云："早观投票站选举，又与罗宾森君往，R君出，有人询其号数，R君不肯告之。"第二天，即本月28日，朱自清又与罗宾森夫人商量搬到另一间房的事，朱自清日记云："上午与 R 夫人商量移屋事，R 夫人告余萨科威茨君之屋，下月十四可空，并谓先不知余将移屋事。余略加思索，觉此处究竟有练习语言机会，且可省煤气费，即亦应之。余羞惭之念颇足误事，但此次甚盼非失策也。此系近日来心中一大事，如此决定亦佳。"朱自清要搬到罗宾森夫人出租公寓的另一间屋里，是因为比原先的略大一点。朱自清在这个问题上还检讨了自己的"羞惭之念"，希望这次决定"非失策也"。

1931 年 11 月到来了，罗宾森夫人的生日快到了，房客们要和房东一起过生日。4 日这天，朱自清日记云："罗斯小姐告诉我明天是 R 夫人的生日，问我是否同意给 R 夫人买些礼物，我同意。"这样问话哪能不同意？如果不同意，房东马上就知道了，岂不得罪了房东？在当天日记中，朱自清又说："……十点半钟回来时遇见了萨科威茨（Sakowitz）先生。我问他明天应怎样向 R 夫人表示祝贺，他让我在生日卡上签名，还告诉我 R 夫人对我的中文署名比英文签名更喜欢。我按她喜欢的去签。"生日这天一大早，生日庆典就开始了，朱自清日记云："罗斯小姐和威廉森（Williamson）小姐就来敲门叫我们去吃早饭，只听见罗斯乐呵呵地笑着说：'懒汉们！'我急忙下去，跟在皮姆（Pim）先生后面走进餐厅。人们向我们欢呼，以为我们拥着 R 夫人来了，她是该受到欢呼的，可是还没来。屋里到处在放礼花。"于是，"王先生和罗斯小姐轮流去请 R 夫人。他们回来说

'R 夫人要在浴室里过生日'，引起了一阵哄堂大笑。当 R 夫人终于走进来的时候，我们都向她欢呼，王和伯顿站在椅子上欢呼致贺。房间里又放起了礼花。大家平静下来以后，我们一个个地离开了那里"。看朱自清的介绍，感觉就是一场闹剧。

作为房客，朱自清也努力和其他房客搞好关系，但大家毕竟来自不同的地方，原先也并不熟悉，相处起来需多加小心谨慎，1931 年 11 月 8 日，朱自清日记云："拜访周、冯和王，但没遇见王。周在读一些统计数字，他对社会事务非常感兴趣。我把听甘地演讲的事告诉了冯。"又应邀和 R 夫人一起去参加茶会，同去的还有罗斯小姐、萨科威茨先生和加德博士，朱自清分析，"这个茶会一定是对我们赠礼的回酬。我们穿过哈姆斯特德花圃，那是个很美的地方。柴尔德夫人和莫里斯（Morris）夫人迎接我们。这是个很好的招待会"。

本月 12 日这天，朱自清终于如愿以偿地换进了新的房间里。让人没想到的是，虽然新房子比原来的大些，却有煤气的味道，很令朱自清讨厌。朱自清检查了一下，发现煤气罐子太旧，裂了。煤气的味儿就是从裂缝中渗漏出来的。这又给朱自清的思想增加了负担，他决定先看看情况再说，如果影响健康就想法搬家。

房客们互相走动也是有来有往，相宜的人自然会聚到一起，有时也会像国内一样，大家互相吃请。本月 14 日这天，房客伯顿先生和威廉森小姐邀请朱自清去用柠檬茶和糕点，边吃边聊，他们修养较好，和朱自清谈话也显得得体。朱自清告诉他们，下星期二想去戈尔登斯格林剧院看歌剧。两位邻居立即热情高涨，让朱自清立刻打电话去订票。伯顿先生说完后，等不及地就去打电话，替朱自清订了两张正厅前排的票——订两张票，朱自清是要请柳无忌一起看的。拿到票以后，朱自清又不知柳无忌喜不喜欢正厅前排的座位。回到公寓以后，朱自清又到罗宾森先生处借一本《船夫们》。这本书正是下星期二要演的那出歌剧的底本。看戏之前，先看看原著，这也是一个好办法，相当于考试前的预习功课了，不至于到时候听不懂。

本月 15 日这天，另一位房客萨科威茨先生又约朱自清去看电影《卫兵》，朱自清不好意思推托，日记中说是看在对方的"面子"上才同意一起去观影的。在看电影的途中，朱自清和萨科威茨先生遇到一个多嘴多舌的老酒鬼，该老酒鬼不识时务地和朱自清搭讪，絮絮不休地说话。他的行为引起了朱自清的一点兴趣，这不正好是学习英语的好方法吗？可老酒鬼说话太快，朱自清听不大懂。而萨科威茨先生干脆不理他。朱自清便也不再理他，又疑心他也许会辱骂人。朱自清又不失时机地和萨科威茨先生谈话。可是对方听不大懂朱自清讲的话，甚至连朱自清的单个字母的发音也不懂。这种情况让朱自清觉得很难为情。当他们一起来到剧院门口，准备去订票的时候，朱自清在日记中说："很幸运的是最便宜的票也要六先令多，这就给了我一个制造借口的机会。我对萨科威茨先生说票价太贵了，劝他留在那儿，我不看了。"朱自清不想看电影，票价贵固然是一个方面，另一方面，还是自己的英文会话水平不能和萨科威茨先生自然交流，怕对方笑话。朱自清在回来的路上，去路边的餐厅吃饭，这是朱自清单独一人吃的最贵的一顿饭。巧的是，在餐厅休息室里，碰到了房东罗宾森夫人。朱自清便把看电影的路上和萨科威茨先生不能自然对话的事说了，罗宾森夫人听了后，问朱自清的语音练习做得怎么样了。朱自清很憎恶罗宾森夫人谈话中总是那样矫揉造作和装腔作势的样子。朱自清在日记中说："在这一点上罗宾森先生比她好多了。"不过这个罗宾森夫人也有诚实的一面——第二天，朱自清准备付上星期四搬入新房子的房租和早餐费，罗宾森夫人说朱自清计算错了，让他下星期再付。晚上，朱自清常常会像在国内时一样，睡前读几页书，他在读吉尔伯特（W. S. Gilbert）和阿西尔·沙利文（Arthur Sullivan）的《船夫们或巴拉塔里亚的国王》的时候，感到困难，甚至厌倦，手里老拿着字典，一边读一边查，这样，才能多读一会儿书。这就给朱自清惹了一点小麻烦——本月 20 日晚上，罗宾森夫人拐弯抹角地问朱自清近来是不是工作到很晚。其实她的话一出口，朱自清就知道了，她是在暗示朱自清耗电过多。朱自清觉得，她完全可以用"勤奋"（Laboriously）

这个词，大可不必用"晚"（Lately）一词，也许在她看来，"勤奋"这个词太长了，朱自清理解能力还达不到。罗宾森夫人的不磊落，再次给朱自清留下了不好的印象。

这样的小麻烦，在日常生活中，也经常会有，甚至让朱自清有不高兴或者自责的时候。比如本月 20 日，朱自清整个下午都心情不爽，原因其实也不是什么大事，就是在高尔街上的那家快捷奶制品店里，由女招待引起的——朱自清去要求女招待更正收据上的数字，女招待手里拿着杯子正在忙什么，一见朱自清跟她说话，就把杯子放在桌子上，不料慌忙中杯子没放稳，从桌上摔下来了，跌得粉碎。这个突发小事故把他们俩都吓了一跳。朱自清感到很抱歉，希望招待总管不要责备这个女招待。其实，这个小烦恼还是在为别人着想，表示朱自清的善良和温厚。那么，其他房客给朱自清的印象又如何呢？在1931 年 12 月 4 日的日记中，朱自清说："黑格（Haig）小姐向我夸奖陶很聪明，我觉得有点沮丧！我讨厌的那个德国男孩劝我不妨读一读高尔斯华绥的作品，这倒不失为好的意见，不是吗？"5 日的日记中说："同 S 先生在金龟餐厅吃饭，菜很好。我不喜欢 S 先生说英语时那种轻浮的笑声，连 R 夫人这样厉害的女人也觉得'可怕'！"

朱自清在最初的一两个月中，其英语口语会话和表达一直是个问题，为了快速掌握英语会话，朱自清曾在 12 月 10 日向罗宾森夫人打听有没有教英语口语的私人教师。她居然向朱自清推荐了她自己，并且告诉朱自清说，大学毕业生教课每课要收费五到七先令，她只要收两个半先令即可。朱自清不好直接拒绝，回答她考虑考虑。朱自清买的两份《泰晤士报》的文学增刊，不知让罗宾森夫人放到哪里去了，问她，她竟然做话说话，说罗宾森告诉她朱自清不想要了，所以就拿走了。不过又说，她会从楼上把它们拿回来的。但一直很晚了，也没见她拿下来，弄得朱自清整个下午都不高兴。总之，这些日常琐屑，也会影响朱自清的情绪。

房客们有时候也会聚在一起搞一搞娱乐活动，活跃一下气氛，放松一下心情。12月12日，大家都聚到了朱自清的屋子里演哑剧，完全是即兴的表演，用朱自清日记里的话说，就是"胡闹"。胡闹的结果，就是让罗宾森夫人很不高兴，第二天晚上，她还对朱自清等人冷冷地谈起魏先生。朱自清认为，显而易见的，她是讨厌魏先生所拉的小风琴。但朱自清听她又好像话中有话，猜想一下，也许是昨晚上大家演哑剧时，魏先生把她的一只花瓶和几只碟子打破了。然后，她告诉朱自清等人，说魏先生明天要回家。另一个房客问她，魏先生还回不回来？她用一种奇怪的、不愉快的声调回答："我不知道。"就是说，这个魏先生，被她赶走了。

由于对罗宾森夫人的不满的累积，朱自清一连几天伤脑筋，为要不要迁居而烦恼。朱自清经过再三考虑，是倾向于迁走的。在朱自清看来，罗宾森夫人的脾气不但不好，还爱弄虚作假和多收费用，甚至对不喜欢的人还要变着花样赶走。迁到哪里比较合适呢？朱自清也考虑过，他想住在雷根特公园路一带。

就在朱自清为迁居颇费脑筋时，又发生了一件不甚愉快的事，12月19日这天，朱自清和罗宾森夫人、S先生及特雷尔先生一起打牌。贾先生在一旁观看，假装要说出朱自清的牌，还声称S先生有点生气了，因为收音机里的音乐分散了他的注意力。朱自清觉得这是天大的误解。这场误解者是贾先生的小收音机引起的。贾先生说他是为了朱自清才把收音机拿来的。朱自清很惊奇，S先生和罗宾森夫人竟都不喜欢这个收音机。在朱自清看来，他们两人经常是一致的。因此，收音机开着的时候，朱自清很不安，直到把它关掉后大家才开始再打牌。贾先生事后说："他们平时不是挺喜欢音乐吗？"贾先生讲这话时口气中有点嘲笑罗宾森夫人。这件事的直接结果就是，朱自清最终下了决心，新年以后搬家！朱自清在当天的日记中说："R夫人真是一个脾气不好的尖刻女人，她有时装得很和蔼，我不喜欢她。"

决定新年后搬家的朱自清，也要留个好印象给罗宾森夫妇，朱自清在12月21日的日记中说："送了一块中国锦缎和一包香烟给 R 夫妇，用去六镑六先令。"这天，贾先生还给来访的柳无忌和朱自清照了一张合照，仿佛是搬家前的一次留念。

要搬家就得先找房子，12 月 22 日，朱自清在一天中去普里姆罗斯山庄两次，想找一间比较像样的房子，但找不到一处好的。朱自清很想搬到柳无忌刚刚找到的住处去，朱自清在当天的日记中说："因为那里的女房东确实是个与人为善的妇人。"朱自清回到公寓后，和俄国人打了一会儿乒乓球，俄国人显得很庄重，不接受朱自清的招待，朱自清虽然因他们谢绝好意而感到有点尴尬，但却非常欣赏他们。

西方的圣诞节到了。

朱自清在 12 月 24 日的日记中记述了他整个下午的活动：

> 下午到拉普霍尔·塔克父子公司去买点东西。我买了一套高级的贺年片，并在那里看了厚厚的三大本样品。看来很少有像我这样在店里逗留如此之久来挑选圣诞节卡片的顾客，管理人员从楼上拿来一些高级贺年片，很粗鲁地交给我，并暗示我营业时间已过，要我离店。但我没听懂，又开始看起样品来了。他再次走到我身边，但不说什么，让我继续看。我又挑选了五套样品，并要他去拿。他说顾客都走了，而且恐怕没有这种存货了。他说话时用一种嘲弄的口吻，这是英国人的特点。他劝我到对面的商店去买，

并以轻蔑而含蓄的态度指给我看那家商店。这是我最憎恶的态度，它使人啼笑皆非，但又不得罪你。而且我发现第四卷样品不见了，于是就不得不走。这个管理人员把我当作日本人了。

那些有趣的样品包括以下几类：

1. 手帕型的

2. 绣花型的（我喜欢有一艘船的画面）

3. 蝶翅型的（船、三只鸟）

4. 黄铜型的（圆形，里面有风车图案）

5. 玻璃型的（圣母像）

6. 羊皮纸型（四开本）

7. 飞鸟形及其他

8. 刺绣的花瓶

9. 猫头鹰型（头像）

10. 烫金型的

晚上到牛津街去观赏圣诞节前夕的街景，发现来往的车辆和行人比平时还少。除了里昂餐厅的窗口有点变样以外，没有什么特殊的变化。

一个年轻而有礼的德国姑娘走过来招待 R 夫人。我想她不是这里的服务员。她坐在休息室里同我们闲谈。R 夫人在谈话中告诉她我有三千个朋友，各种各样的绅士每天来拜访我。我说我打扰了他们，很觉过意不去。当然，R夫人非得做些更正不可，我没有那么多朋友。可是她还说她喜欢他们。我的老天哪！——她甚至说我在中国一定是个很了不起的人，所以才会有那么许多人来访问我。这是英国人挖苦别人的另一种表达方式。

我对槲树和冬青树很感兴趣，这两种树在英国是作为圣诞节的节日装饰物的。

R夫人告诉我萨科威茨先生写了一封长信给她，说他很抱歉，因为出租汽车来得太快，他来不及向寄宿的客人们告别。他还祝我们圣诞节快乐，说这是他和他夫人共同希望我们接受的祝贺。萨科威茨先生的这封信有点奇怪，我怀疑他是否真心诚意。

今天我觉得有一种节日的感觉，这是我到伦敦来以后没有经历过的。

12月25日这天，节日气氛仍旧很浓，朱自清和房客加德博士一起在雷根特公园散步。加德博士像平时一样大谈印度的独立问题。朱自清总是同意他的观点，同意他的观点并不是真的同意，因为同意了，朱自清就无须多费口舌了。下午，朱自清又和鲁先生去柳无忌的住处，朱自清还送了一些礼物给柳无忌的房东歇卜士（Hibbs）夫人。所以，晚上吃得也非常痛快。歇卜士夫人家的餐桌上还有一棵圣诞树，挂着五颜六色的彩球和各种有趣的玩具。食物也比罗宾森夫人家的要好得多。饭后，朱自清又吃水果，晚上大家还在一起做游戏。朱自清在《伦敦杂记》的《圣诞节》一篇里，记述了这次活动："圣诞节的晚上，在朋友的房东太太家里。照例该吃火鸡，酸梅布丁；那位房东太太手头颇窘，却还卖了几件旧家具，买了一只二十二磅重的大火鸡来过节。可惜女仆不小心，烤枯了一点儿；老太太自个儿唠叨了几句，大节下，也就算了。可是火鸡味道也并不怎样特别似的。吃饭时候，大家一面扔纸球，一面扯花炮——两个人扯，有时只响一下，有时还夹着小纸片儿，多半是带着'爱'字儿的吉语。饭后做游戏，有音乐椅子（椅子数目比人少一个；乐声止时，众人抢着坐），掩目吹蜡烛，抓瞎，抢人（分队），抢气球等等，大家居然一团孩子气。最后还有跳舞。"这里的"朋友"就是柳无忌，"朋友的房东太太"就是歇卜士夫人。朱自清在当天的日记中，对跳舞的描写较详细一些："歇卜士小姐教鲁和我跳舞，鲁一经指点就会，但我不行。柳跳得很好。歇卜士夫妇非常热情好客。"

可能玩得太晚了，朱自清在柳无忌家住了一晚上，第二天吃早饭时，朱自清想，这里的伙食比罗宾森夫人家的要好，因为女房东对每件事情都很用心。她还邀请朱自清和鲁先生在她那里留一整天。朱自清在12月26日的日记中说："她的话讲得这么客气和谦逊，我们就不好拒绝了。但是我很知道鲁是不喜欢这里寂静和单调的生活的。他急于想离开，但现在还不能脱身，于是就在柳的房间里跟我们聊天。我讲话时，他不屑一听。他对我的藐视使我想起了我教杜甫诗的情景。他嘲笑中国的新文学，并且每当他谈到西方文学的时候，总是把脸转向柳。在这种情况下，对我说来最好的办法是沉默。我闭口不谈了，默默地分析着鲁的性格特征，但没成功。我觉得可以这样说，他聪明，直率，骄傲，自以为是，以我为主，古怪偏执，懒散浮夸。总之一句话，我不喜欢他。在喝茶以前他就走了。柳累了，我们安安静静地留在那儿。我明知久留是不智之举，但傻呼呼地直到晚饭后还留在那儿。当柳要去洗澡的时候，我才告辞，并答应他们星期天还去。"

　　12月27日这天，朱自清邀请邻居房客贾先生在新华味斋吃午饭。贾先生吃完饭后连谢都不谢一声就撇下朱自清急急忙忙地跳上公共汽车走了。朱自清和他在饭桌上谈得不多，因为彼此没有什么共同语言。朱自清请他，可能是回报上次他为朱自清和柳无忌拍照的事。晚上，朱自清又去访罗先生，他出去了，于是朱自清就到苗先生处，谈了一会儿就出去了。朱自清在街上遇见了罗先生和陈女士。朱自清跟他们谈话时，有点心不在焉，朱自清在日记中用了"很笨拙"来形容。天黑后，朱自清独自归来，路上，认真地想了想罗宾森夫人家的这些房客，发现所认识的中国学生比英国学生更加的冷漠。也是在这一天，朱自清和歇卜士夫人谈妥，住到她家去。

朱自清在 12 月 28 日告诉罗宾森夫人，下星期一要搬走了，因为必须省下钱来准备回国。精明的罗宾森夫人不大相信，但也无可奈何。

1932 年 1 月 4 日，朱自清从罗宾森夫人家搬至歇卜士太太家。

他乡遇故知

据说人生有几大幸事。"他乡遇故知"便是其中之一。

朱自清只身一人在伦敦大学听课，学习英语语音和英国文学及其他艺术，正按部就班施行自己的计划时，没承想遇到了他的好学生柳无忌先生！朱自清在 1931 年 10 月 10 日的日记里，怀着欣喜的心情写道："上午在查林路口忽遇柳无忌君，大喜。"仅仅到伦敦大学听课的第二天，就给朱自清带来如此大的惊喜，真是世界之大无巧不有。

柳无忌父亲是大名鼎鼎的南社诗圣柳亚子，受家庭熏陶，柳无忌从小就显露出语言天赋，随父亲见过许多南社名人。后来在上海圣约翰学校读书，英文成绩尤其了得，17 岁时就能将拜伦的《哀希腊》一诗译成中文。1925 年秋，柳无忌进入清华大学。朱自清当时刚入清华当教授，给旧学制的学生讲李杜诗，柳无忌正是这个班上的学生。可能受其父的影响，柳无忌喜欢中国古典诗词，对李杜诗也是情有独钟，老师讲得卖力，学生也学得认真，一学期下来，柳无忌居然交了一篇 2 万多字的关于李杜的论文给朱自清。朱自清看后，大为吃惊也大为赞赏。从此师生间相互留下了很好的印象。在清华的两年，柳无忌也有回忆："1925 年夏天，悲惨地回到黎里（吴江县一小镇）家里，对于前途一点也没有把握的我，已是十八岁了。幸而在清华学校教书的二舅父郑桐荪，为我设法从后门（不经过考试）送进清华园，在那里度过了两年最愉快的学生生活。"（《柳无忌散文选——古稀话旧》）

在当年的清华园里，柳无忌还在一篇文章中，叙述了他与梁启超接触的一个有趣的小故事。那时，清华国学研究院有好几位著名导师，其中最引人注目的是梁启超和王国维。柳无忌喜欢旧体诗词，从小就对苏曼殊的作品进行过收集和编辑，是个不折不扣的"苏迷"。此后他一直都在收集苏曼殊的作品。后来他偶然得到一部《班定远（班超）平西域记》的书，作者署名为"曼殊室主人"。柳无忌为之大喜，以为"曼殊室主人"就是苏曼殊，这本书也就是苏曼殊的新发表之作。但其父柳亚子提醒他说，好像梁任公也曾用过"曼殊室主人"的名号。因此叫他就近向梁启超询问清楚。他果然去见梁任公。结果呢，柳无忌写道："我不虚此行，但是失望了。"梁启超告诉他，他本人就是《班定远（班超）平西域记》剧本的作者，"曼殊室主人"就是他本人。

1927年，柳无忌在清华毕业后，公费赴美国留学。次年，柳无忌取得美国劳伦斯大学学士学位，随即转入耶鲁大学研究院攻读英国文学。1931年，柳无忌以论文《英国浪漫主义诗人雪莱》获得美国耶鲁大学文学博士学位，旋即赴欧洲进修，主要任务是搜集藏在英、法、德等国各图书馆中的中国旧小说。就是在英国进修、工作期间，和朱自清邂逅于伦敦街头。多年后，柳无忌在回忆文章《与朱自清同寓伦敦》中写道："抵伦敦后还不到几天，住在不列颠博物院附近一家小公寓内，有一下午在街上溜达，忽然迎面来了一个比我更矮的东方人；再走近一看，是个中国人的相貌。我们大家停步，面对面相互谛视，觉得有点面熟。就这样，我无意地遇到了在清华大学教我李白、杜甫那门功课的朱自清老师。他比我大不了几岁，我又是他的一个好学生，在异域相遇，有一番亲切的感觉。"

朱自清和柳无忌在伦敦僻静的马路上邂逅几天之后，二人就一起参加了留英学会的一个活动，此后，二人交往便密切起来。1931年10月22日下午，朱自清和柳无忌一起观看了话剧《轰动一时》，朱自清在当天的日记中说："结构极奇，如电影，又如情节剧。"10月24日，朱自清一早专门理了发，下午到芬乞来路柳无忌的住所去看望他。朱自清看到柳无忌的住所不错，日记中用"尚佳"一词形容，同时又觉得窗外车水马龙，"亦非最乐处耳"。在和柳无忌的闲谈中，朱自清流露出自己"买书太多殊非计"的想法。又谈到柳无忌新写的论文，朱自清在日记中写道："柳君以论文见示，乃《雪莱在英国的声誉》（Shelley's Reputation in England），后抄各教授评语，首列方法，次材料之统率（Command），次新旧材料之运用，次创造力（Originality），次逻辑（Logic）与文体风格（English Style），分优（Superior）与可（Acceptable）两等，后有总评，大抵谓柳君英文不甚符合语言习惯（Idiomatic），重复太多，转折及重复太多。柳君云下半写成太匆促导致尔尔，现仍在不列颠博物馆搜集此题材料也。又谓此次得一十九世纪题目，甚属不易，因题目大都为人做过矣。"朱自清看得够详细了，而且如果不是记忆好，这一段肯定是在翻看柳无忌的论文时随手记下来的。

11月5日，和柳无忌参加诗集书店所办的读诗会，听英语诗朗诵。这是三天前就约好了的一次活动。朱自清和柳无忌到达诗集书店后，朗诵者是一个中年女性，除了一首诗以外，其他的诗，朱自清都没有听懂。但朱自清很欣赏她那清晰的发音。柳无忌也有同感，并说虽然吐字优美，但并不认为她是个很好的朗诵者。朱自清在当天的日记中说："这位朗诵者很有才华，但她给我印象最深的是另外两点：一是韵脚在英文诗的朗读中不像在中文诗里那样重要；另一点是英文诗中的重读音比日常说话中要多得多。前一点使我想到我们以后得建立白话诗的格律。后一点是：在我们的语言中，轻音字的用韵并不太难。"听完诗朗诵回来后，朱自清和柳无忌以及其他两个朋友打了一晚上桥牌。

11月17日两人一起赴戈尔斯登格林剧院看歌剧《船夫们》。对于这部通俗喜剧，朱自清尽管昨天用心读了这个剧本，但还是有很多听不懂。朱自清的英文水平自然不能和柳无忌相比，两人参加各种活动时，对于生僻或怪异的词汇，朱自清想必也会请教柳无忌。柳在《与朱自清同寓伦敦》里说："我正在寻找可以安身的住处，与他的计划不约而同。最好不过的，如能找到一个地方，我们可以同住，比较热闹，有照应。朱自清的英文会话有困难，我毕竟在美国已住了四年；对于我们，伦敦虽同为异域，我却以老马识途自居了。"有了口语能力出众的柳无忌常常相伴，二人相处也更加投机了。11月19日晚上，二人又赴基尔德会堂所办的读诗会，听约翰·高尔斯华绥朗诵自己的作品。朱自清在日记里说："这个朗诵会是为了支持非洲动物保护协会而举办的。高尔斯华绥先生的声音非常清晰，节奏分明，他朗读自己写的小说和剧本的片段，并且按照不同的内容而变换音调。最后，他朗诵了自己手稿中的几首诗。"诗人们喜欢朗诵自己的诗，我是早就知道的，我身边的一些诗人，无论名头多大或多小，都喜欢在酒桌上或诗会上朗诵自己或别人的诗，而且都是情感百分之百地投入。但朗读小说我听的不多，只有一次，是在 2014 年春天，《小说选刊》举行"茅台杯"的颁奖仪式，会上请了几个善于朗诵的年轻编辑和小说家朗诵获奖作家的小说，听了居然也很有感觉，原来小说也是适合朗读的，而且听起来别有情味。朱自清能够在 20 世纪 30 年代听高尔斯华绥朗读他自己的小说，想必更有新鲜之感吧。不过这次朗诵会还有一个小插曲，朱自清在日记中有详细记述：当高尔斯华绥"朗诵完他的剧作《正义》中一个法官的一段话时，从剧场楼厅上传来了一个人的声音。我听不懂他的意思，但相信他是在提抗议。这是一个老头儿，他好几次向高尔斯华绥先生挑战，但没有成功。听众阻止他大声说话。那老头的嗓门越高，听众们就越是向他进行牵制性的示威。高尔斯华绥先生只在他开始起哄时回答了他的第一句问话，后来就静静地听他说话。过了一会儿，高尔斯华绥先生向听众问道：'你们愿意听完这个朗诵吗？'听众们答以雷鸣般的掌声和跺脚。"到这里，朱自清和听众一样，对这个提问者也心存不满了。但当朱自清"在门口遇见那个古怪的老人"时，发现"他是一个穷工人"，便立即"改变了看法，重新评价他的挑战"。在这次欧游中，朱自清日记中有多次记载参加读诗会的记录。在朱自清回国后，又过了两个多月的 1932 年 10 月 14 日，朱自清出席清华中国文学会迎新大会做演讲时，他说："英国的读诗会，本人曾听过几个，一次，是在一条小胡同内，找了半天才找到，是一间诗集店，主人，主妇，都会作诗。每到一定时间，有一个读诗会，有一人宣读。票价六角。有一次是店主太太宣读，听众都是女子，只有本人和另一男子，躲在后边，不敢出头。其余两次，都是很大的读诗会。可见在英国，很常见。"

时间不久，朱自清因讨厌房东罗宾森太太的小气和多疑，决定搬出去，找了几处房子也不满意，恰在这时，柳无忌就在伦敦北郊芬乞来路找到了一处理想的房子，就随柳无忌一起去看看。柳无忌在《与朱自清同寓伦敦》里介绍道：这是"一家老大房子。当年它应是十分漂亮、阔绰的，可是现在却与主人同样的不走运。当我们按铃时，一个爱尔兰女佣人把我们接进去，跟着房东太太与她的女儿也出来，与我们交谈。她们温文有礼，说有两间房，愿意租与东方人。这样，我们就在'维多利亚时代的上流妇人'，希布斯太太的家中住下了"。这位希布斯太太，朱自清在日记里记作"歇卜士夫人"。柳无忌选了两间中较大的一间，还有一间侧房，朱自清觉得不错，就决定搬来和柳无忌做邻居。朱自清没有搬来之前，就来过柳无忌的住处了，那是1931年12月25日圣诞节期间，还在柳无忌那儿和房东太太一家一起过了圣诞节，直到第二天晚上才离开。到了1932年1月4日，朱自清就搬到了歇卜士太太家，和柳无忌做了邻居。二人住进之后，和房东一家相处很好，柳无忌在《与朱自清同寓伦敦》里说："我们每天与希太太及小姐同进早餐与晚饭。这是英国租房的惯例，与美国不同；除午饭外，房客餐宿于寄寓的家中，与房东太太保持相当友谊。在这方面，朱自清与我做到了。"1月6日这天，朱自清和柳无忌在居所附近一个茶室吃午饭，饭后还一边闲坐一边吃了一磅的核桃。朱自清这天还遇到一个叫埃利斯的传记文学作家，朱自清称他是一个和蔼的绅士。第二天，在和歇卜士夫人聊天时，她还把自己女儿的恋爱经历告诉了朱自清，朱自清在日记中感叹说："她和我们有着同样的道德观念。"这天晚上，朱自清和柳无忌二人一同去吉尔福特大街18号访问林语堂。林语堂特别开心，跟两位中国作家介绍他的中文打字机的设计。这位早早就出名的文学家，大概对于书写的效率很不满意吧，又累又慢，书写往往跟不上思维。见过世面的林语堂，从英文打字机上找到了灵感，或得到了启发，居然花了不少时间琢磨起了中文打字机来，而且其原理还靠谱。面对两位更年轻的书写者，他大大地卖弄了一回。朱自清在当天的日记中说："他在这方面的研究工作至少已有十多年了。他的打字机上将装有六十个键，键盘排成弧形，一排挨着一排。他认为方块字的主要构成成分是部首，根据他的统计，汉字左偏旁有八十多个，右偏旁约有一千三百个。故左偏旁的字形约占字盘的三分之一，右偏旁约占三分之二。两种偏旁在打字时合并成为一个字。那些不由左右偏旁构成的汉字则需要个别的字型，大约有七八百字。因此，打字机上的总字数大约为三千个。他认为这种打字机打一个汉字的时间相当于在英文打字机上打三个键的时间。这真是一项了不起的工作！使我非常钦佩，并以最大的热情祝愿他成功。"

朱自清有了稳定的住处，心也定了下来，继续执行自己的学习计划，除了听课外，就是到处参观、看戏、逛书店、听音乐。每天早上，他和柳无忌从房东家出门，步行不远就是芬乞来路上的公交车站，两人一边走，一边看，异国的风情让朱自清时有感悟。然后再和柳无忌一同等车，一同进城。乘车有时拥挤，有时并不拥挤，大多数乘客也都彬彬有礼，这些都是朱自清深感愉悦的。到了不列颠博物院附近，与柳无忌分手，各奔各的目的地，各忙各的事务去了。但是，也有不愉快的时候，比如有一次，朱自清在日记中写道："柳先生和我在贝克街等公共汽车，车子挤得很。柳挤车时无意中踩了一个妇女，她的男友把柳拖下了车。我勃然大怒，但无可奈何，因为我被挤在车上下不来。柳最后还是上了车。后来我换乘另一辆车，因为这辆车实在太挤了。"

冬春季的伦敦，雾很重，在街头常有伸手不见五指的感觉。街头的公共汽车也有意思，除驾驶员外，还得有一个帮忙的人，姑且叫"辅驾"吧，即协助驾驶员开车的意思。辅驾在马路上高举一个火炬，引导汽车慢慢吞吞地向前行驶。平常十分钟的路，雾重时要走几十分钟。即使到了市中心，灯火通明了，也还有阴暗的感觉。朱自清就是在这样的天气中开始了一天的工作。

忙了一天后，朱自清回来就开始工作，躲在自己的小房间里，不是写信就是写日记，或者看书。柳无忌回来时，每次看他都在伏案工作。所以除了吃饭时间，二人很少在各自的住处交谈。不过对于他们共同的房东，朱自清和柳无忌都有好印象。朱自清除了在《圣诞节》里有所描写外，还专门写过一篇《房东太太》，把房东太太这位"维多利亚时代"的刻板而守旧的老妇人的性格描写得淋漓尽致。不过房东太太还是善良的人，她家的饭菜也不坏，对朱柳二人都还尊重、客气。朱自清在《圣诞节》里有一段在她家一起过圣诞节的描述，那时候，朱自清还没有正式成为她家的房客呢。在《房东太太》里，朱自清开头就赞美道："歇卜士太太（Mrs. Hibbs）没有来过中国，也并不怎样喜欢中国，可是我们看，她有中国那老味儿。她说人家笑她母女是维多利亚时代的人，那是老古板的意思；但她承认她们是的，她不在乎这个。"又说："她爱说话，也会说话，一开口滔滔不绝；押房子，卖家具等等，都会告诉你。但是只高高兴兴地告诉你，至少也平平淡淡地告诉你，决不垂头丧气，决不唉声叹气。她说话是个趣味，我们听话也是个趣味（在她的话里，她死了的丈夫和儿子都是活的，她的一些住客也是活的）；所以后来虽然听了四个多月，倒并不觉得厌倦。"

柳无忌也喜欢这位房东太太，说她"对房客的膳食却从不吝惜……因此我们住得好，吃得好，而使朱自清更高兴的是他有听讲英文的机会。……那位房东小姐（她高出我们有两个头）平时很静默，我们两个东方人更不大讲话，所以饭桌上只有老太太滔滔不绝地谈天说地，把她们家中的一些故事都搬了出来。小姐有时补充一两句，我们偶尔也参加一些赞许的话，表示听得津津有味。那时候，希布斯太太高兴了"。（《与朱自清同寓伦敦》）

朱自清也会和柳无忌一起去郊外游玩。他在1932年1月17日日记中说："和柳一起长途跋涉到哈姆斯特德公园去，走了大约八英里路，几乎把我弄得筋疲力尽。"柳无忌也在《与朱自清同寓伦敦》中说，他们去过一个叫Hampstead的旷野散步，"那不是一个整齐的用人工布置的公园，只是一片浩漫、没有边际、灌木丛生的原野，望出去有旷然无涯的感觉，好似置身在大自然的怀抱中"。这里有很多游客，而且还有许多现代诗人和作家也住在这里，比如散文家约翰生博士、戏剧家高尔斯华绥等，朱自清能在这样的旷野上呼吸新鲜空气，和伦敦的当地人共同游览郊外风光，必定也是心旷神怡的。不久以前，我看过一部电影，叫《汉普斯特公园》，"汉普斯特公园"也译作"汉普斯特德公园"，就是"哈姆斯特德公园"的今译。这是一部节奏缓慢而迷人的故事，故事叙述了一个住在伦敦汉普斯特德公园附近的美国寡妇，与一位独居老男人之间的浪漫爱情。不知为什么，我在看这部电影时，老是想到朱自清写过的他曾经的房东歇卜士太太。公园还是那个公园，大树，草坪，近百年一成不变，但是具有维多利亚时代风格的歇卜士太太已经不是现代都市里的寡妇了，她家住的也只是两个年轻的中国学者。

如果有空闲，朱自清和柳无忌也是无所不谈，1932年2月1日，朱自清日记云："柳告诉我，他同高小姐暂时不打算结婚，因他俩在中国很难找到工作。高小姐现在在美国的一个医院里工作，月薪七十五美元。柳说这些话时似乎有些心绪不宁。鲁猜想他上星期六在爱情问题上碰到了挫折。我若是他的话，将对此毫不在乎并骄傲地一走了之。但我不希望这样。"但是爱情的魅力就在于那些彼此都在意又互相牵挂的小矛盾——不久之后，柳无忌和从美国来到伦敦的高小姐还是结婚了。在朱自清4月19日的日记里，说到已经从歇卜士夫人家搬出来后，歇卜士夫人又请朱自清于20日回去吃一顿晚饭时，朱自清说："柳无忌和高小姐也去。"这天，朱自清还给陈竹隐写了一封信，信中说到了柳无忌和夫人高薆鸿的结婚事："清华有一柳君在此结婚，简单极了，只在领事馆登记一下就行了。我大约和他们夫妇同游欧洲各处。"在朱自清和柳无忌、高小姐在歇卜士夫人家吃饭的第二天，朱自清日记又说："与 W.C. 柳夫妇及秦闲聊很久。"4月22日日记又云："昨晚商定与柳君夫妇同去旅行的计划。为此很高兴。"4月26日，朱自清和柳无忌夫妇去佛朗卡蒂旅游，4月29日，朱自清和柳无忌夫妇及刘崇鋐、陈麟瑞一起去温莎堡旅游，参观了伊顿公学、托马斯·格雷故居等地。朱自清在当天日记中有记述："去温莎堡游览，正巧英王在那里小住，故旅客公寓和圆塔等都不开放。我们在教长的禅房里拍了照片。北边的游廊很美，东边的游廊也不开放。"虽然因为英王来了，游览没有尽兴，却也并不失望。朱自清在日记中接着说："参观伊顿公学，看了低年级和高年级学院以及小教堂等，我们对图书馆特感兴趣，那里有很多手稿，还有一套日本天皇赠送的日本民间歌集，极为珍贵。"又"参观教堂庭院，托马斯·格雷（Tomas Gray）曾在这儿写下他那著名的挽歌辞，看到了他曾在其下写作的紫杉树。他的坟墓与他母亲和姨母的墓在一块墓地上，环境非常幽美安谧，通往墓地的小径也是那样幽静。这里可真是地道的英国乡村。一老翁在那里照料墓地，他住在一座建于十四世纪的英国式的村舍中，里面陈列着托马斯·格雷的遗物。这座小房子很美"。那天，朱自清一行在弗霍姆旅馆过夜，旅馆坐落在林子里，环境十分美丽，房间也非常好。4月30日这天，朱自清、柳无忌夫妇一行，又驱车去公园看爱德华三世雕像，景象非凡。因出租汽车不准进入公园，朱自清一行雇了一辆漂亮的马车。在公园里，他们泛舟湖心，四周景色极佳。因为在返回伦敦时，坐错了火车，坐到了梅登黑德，又从那里换乘到牛津。晚上住在布里奇旅馆时，朱自清在当天的日记中说："该旅馆坐落于泰晤士河畔，客厅和起居室都很华丽，花园也很优美。我很喜欢这些房间里凸出在墙外的窗户。"而这天晚上，朱自清又和柳无忌谈了很久。

在牛津，朱自清于 5 月 1 日和柳无忌一起，赴牛津大教堂、马丁学院、马格德伦学院和圣玛丽教堂等处参观，还见到了也在散步的爱因斯坦。朱自清在当天的日记中写道："去教堂，见到爱因斯坦教授在附近散步。我们原打算到大教堂去做礼拜，但柳未戴帽子，因此不许进入。在旷野中散步是一种十分美好的享受，我们漫步于彻韦尔河畔，河流蜿蜒曲折，环境十分幽美。"又说："参观马丁学院和马格德伦学院。中午去圣玛丽教堂，并参加了一点宗教仪式。下午租了一条用篙撑的游艇，由柳来操纵。用茶后去公园。"第二天，他们继续参观，朱自清在日记中写道："柳身穿牛津大学长袍制服带领我们六人在校内各处参观。若不是他带领，我们要进入这些地方就得另外付钱。我们一行参观了牛津大学学院、新学院、拉德克利夫藏书楼和博德利安图书馆。站在拉德克利夫藏书楼顶上可以俯瞰牛津全景。博德利安图书馆不仅藏书多，而且设备很好。在展览室里看到了奥马尔·卡亚姆（Omar Khayyam）用波斯语写的《鲁比亚茨》（手稿）和菲茨杰拉德（Fitzyeraldi）的译文。

格莱利·海威特（Graily Hewitt）的著作也陈列在那里，弗洛伦斯·金斯托德（Florence Kinstord）小姐为这些巨著做了很好的装饰（C.M. 费思的遗物）。观赏五塔和圣约翰学院美丽的花园。下午去罗兹纪念馆，其中陈列着殖民时代的文献，这里可以说是英帝国主义的中心了。参观自然博物馆（动物和人类学），看到了图腾形象。"接着，朱自清一行又参观了沙尔多尼亚剧院和贝利奥尔学院，参观布莱克维尔书店和牛津印刷所（展览室）。还到普莱剧场去看《巴克莱广场》。朱自清觉得这个剧院像个谷仓，演出的戏相当奇特和费解，看来剧情的基础是亨利·詹姆斯（Henry James）的史学感。3 日这天，朱自清一行继续在牛津参观，去基督教堂和伍德斯托克。朱自清在日记中写道："马罗巴勒夫殿堂宏伟壮丽，但要到本月底才开放。那儿景色幽美。我们在附近漫步，流连忘返。"又说："下午到艾冯河畔的斯特拉特福，下榻于佩顿旅馆，招待得很好。去莎士比亚纪念剧场看演出。剧场外涂红色，看上去很刺眼，但它的造型很优美。整个照明设备完全是隐蔽的；剧院内部的装潢很吸引人。"朱自清和柳无忌一行在牛津的几天中，不仅到处参观，还专门看了莎士比亚的诞生地，看了他后来的新居和墓地以及他上过的中学。还接连看了《李尔王》《第十二夜》《皆大欢喜》等莎剧。

　　在欧洲近一年的时间里，朱自清不仅和巧遇的柳无忌成为好邻居并成为知己，还常常遇到别的朋友，比如和文字学家唐兰一起去英国国家美术馆参观，专程到米尔斯旅馆看望住在这里的李健吾等，后来在柏林的一个茶话会上还见到蒋复璁夫妇并认识了冯至。冯至还请朱自清吃了一顿家宴，1932 年 6 月 19 日，朱自清和蒋复璁、冯至还一起去游览了无忧宫。更有趣的是，朱自清在临回国之前两个月时间的游览中，居然几次邂逅也在欧洲各国游览的柳无忌夫妇。其中有两次还大大游玩一通，一次是在瑞士的少妇峰（处女峰），一次是在意大利那不勒斯。朱自清的散文《滂卑故城》，写的就是那次在意大利的游踪。

　　他乡遇故知，给朱自清的异国游学和旅行带来了许多惊喜，也给他带来便利和亲切，是这次游学、考察的意外收获。

鲁蒂斯豪泽小姐

　　朱自清的同学中，有一个瑞士人鲁蒂斯豪泽小姐，人漂亮，性格好，热爱汉语，跟朱自清索要过汉语语音字母表，朱自清在 1931 年 11 月 27 日那天上课之前，把汉语语音字母表带给了她。让朱自清感到奇怪的是，她换了个座位，坐到朱自清旁边的椅子上了，变成了同桌。她还告诉朱自清，她即将结束自己的学业，在圣诞节之前回到瑞士去，言语之中，流露出不舍的同学之情。

　　离圣诞节不到一个月的时间了，同学之谊就要结束了。朱自清听到这个消息后，在日记中用"我对这个消息感到遗憾"来表达。

　　1931 年 12 月 1 日这天，朱自清情绪不错，在伦敦大学校园里买了三张大学校园风景的蚀刻画作为这次游学的纪念品，一张是大图书馆的外景，另一张是大图书馆的内景，第三张是大会堂的景色。这些建筑物在造型方面很有个性，朱自清在日记中用"花了不少力量"来表达，可看上去却偏偏缺少艺术性。这天上课前，朱自清遇见了鲁蒂斯豪泽小姐，还打了招呼，让朱自清奇怪的是，上课时，他们没有坐在一起。鲁蒂斯豪泽小姐在上周五跟朱自清要过地址，大约有要去拜访的意思吧，因为离得远或是因没有坐在一起的有意报复，朱自清没有把地址给她。

第二天继续上课，讲授英国语言学的费兹先生在发还给朱自清的音标练习本里，有许多地方朱自清都做错了。这些错误中一部分是朱自清的粗心大意所致，并不是他不会做。为什么粗心大意呢？朱自清在日记中用"因为我做作业时很仓促"来说明，而为什么仓促又没有说明，可能还是因为鲁蒂斯豪泽小姐没有和他坐同桌？从当天晚上，朱自清请教罗宾森夫人英国绅士陪同女友外出时有哪些习惯中分析，有可能是朱自清准备邀请鲁蒂斯豪泽小姐看戏或吃饭了，这也是他"做作业时很仓促"的真实原因吧。罗宾森夫人告诉朱自清：男方请女方外出时，必须为女方付账。此外，她还告诉朱自清，习惯上总是男方等女方；男方无论在何处遇见女方，应该先对她微笑或者鞠躬，然后再同她说话。

本月 11 日，罗宾森夫人家搬来了一个新邻居，是同胞冉先生，朱自清在日记中说："他是个生气勃勃的青年。但是说实话，我不愿和我的同胞住在一起，因为我得同他聊天并和他做伴，这样将会占去我很多时间。"

在这天的课堂上，朱自清又有意外的惊喜，好几天没来听课的鲁蒂斯豪泽小姐，这天下午出乎意料地来到伦敦大学听课来了，更出人意料的是，她又和朱自清坐在了一起。这让朱自清殊为开心。朱自清在日记中写道："我陪她去图书馆。我们虽然压低了嗓门谈话，但图书馆管理员还是向我们发出了警告。"一起上了一下午的课，又一起泡图书馆，并且在图书馆一直小声地说话。从图书馆出来后，朱自清又请她到高尔街上的快捷奶制品店吃饭。非常不幸的是，朱自清又和上次不小心碰坏了杯子的那位女侍者相遇了，女侍者有点生气。当朱自清同她说话时，她拉长了脸露出一副很不高兴的样子。朱自清在日记中说："这是我在伦敦看到的第三张怪脸。我也有点生气了。"朱自清生气的结果更糟糕——鲁蒂斯豪泽小姐把朱自清替她付的饭钱退还了回来，这使朱自清非常惊讶，并感到失望。看来罗宾森夫人的指导并不是万能的。为此，朱自清在这一天接下来的时间很不愉快。朱自清在日记中总结了不快乐的原因："首先是冉先生迁来；其次是 R 夫人仍没有把文学增刊送来；第三是我同鲁蒂斯豪泽小姐同行时遇见了吴博士；第四是上面提到的在饭店里的那件事。"这里的第三点值得注意，同鲁蒂斯豪泽小姐在路上同行时，为什么因吴博士看到而不开心？难道是怕中国人说闲话？我们无法揣摩朱自清的心理。好在从快捷奶制品店出来后，朱自清又陪鲁小姐一起到牛津广场走了走，散步了一会儿，还在广场上拿了两份创办工艺学校的计划书，两个人对工艺美术学校有了共同话题，算是给朱自清一点安慰吧。

可能是朱自清给鲁蒂斯豪泽小姐留下了很好的印象，也可能是她要跟朱自清学习汉语吧，总之，本月 15 日这天，鲁蒂斯豪泽小姐主动约定第二天下午三时半和朱自清见面。16 日这天，朱自清的英语老师费兹先生主动找到朱自清，问朱自清如果继续在伦敦大学旁听，他想和朱自清交换教学，他教朱自清英语语音，朱自清教他汉语。朱自清觉得这倒是一笔好交易。不过朱自清下学期就不上费兹的课了，如果不上他的课，他是否还愿意这样交换呢？朱自清也不敢保证。这天费兹先生的课拖延了，三时半到了还没下课。这次拖课，最直接的影响就是耽误了朱自清和鲁蒂斯豪泽小姐的约会。在别的教室上课的鲁蒂斯豪泽小姐已经在走廊里急躁地等着朱自清了。朱自清从窗口中都看见了她焦急的样子。但是朱自清在国内教学都是严格要求学生的，所以他也不想早退。鲁蒂斯豪泽小姐等了一会儿，实在等得不耐烦了，就直接敲朱自清上课的教室的门。朱自清只好提前退课，和鲁蒂斯豪泽小姐会合。走在校院里，鲁蒂斯豪泽小姐给朱自清看工艺学校的考试题，继续聊共同感兴趣的话题。朱自清又和她一起到瑟克特路去闲走了一会儿，又到高尔街，遇见了柳无忌、郭、佟三位同胞。柳无忌起初没有注意朱自清和鲁蒂斯豪泽小姐在一起，等朱自清脱帽向他们打招呼的时候，柳无忌才看到朱自清和鲁蒂斯豪泽小姐。这次见面，有可能是鲁蒂斯豪泽小姐想考工艺学校，请朱自清给她参考参考的。也可能是不是，工艺学校带有美学性质，更大的可能是，两人对这一话题有同好，借这个话题见面而已。分手前，朱自清和鲁蒂斯豪泽小姐两人还约定后天再次见面。

但是到了 17 日，朱自清收到鲁蒂斯豪泽小姐寄给他的一封信，说明天下午她的女房东将为她回国钱行，所以不能再见朱自清了。鲁蒂斯豪泽小姐接着又邀请朱自清到他们的国家相会，并且要陪朱自清到山顶上去喝茶。瑞士也是阿尔卑斯山山脉地区的重要国家，到处都是山，在山顶上喝茶必定充满了浪漫的情调。朱自清当然开心了，立即给她写了一封回信，寄出之后才发现，信里有两处地方写错了。这封信没有保留下来，几个月以后，朱自清到达瑞士时不知有没有和鲁蒂斯豪泽小姐在山顶上喝茶，朱自清的日记里没有记录，他在散文《瑞士》里也只字未提。不过，对于瑞士的山景和湖景，朱自清还是看了几处，并做了详细的描写："瑞士有'欧洲的公园'之称。起初以为有些好风景而已；到了那里，才知无处不是好风景，而且除了好风景似乎就没有什么别的。这大半由于天然，小半也是人工。瑞士人似乎是靠游客活的，只看很小的地方也有若干的旅馆就知道。他们拼命地筑铁道通轮船，让爱逛山的爱游湖的都有落儿；而且车船两便，票在手里，爱怎么走就怎么走。瑞士是山国，铁道依山而筑，隧道极少；所以老是高高低低，有时像差得很远的。还有一种爬山铁道，这儿特别多。狭狭的双轨之间，另加一条特别轨：有时是一个个方格儿，有时是一个个钩子；车底下带一种齿轮似的东西，一步步咬着这些方格儿，这些钩子，慢慢地爬上爬下。这种铁道不用说工程大极了；有些简直是笔陡笔陡的。"又说："逛山的味道实在比游湖好。瑞士的湖水一例是淡蓝的，真正平得像镜子一样。太阳照着的时候，那水在微风里摇晃着，宛然是西方小姑娘的眼。若遇着阴天或者下小雨，湖上迷迷蒙蒙的，水天混在一块儿，人如在睡梦里。也有风大的时候；那时水上便皱起粼粼的细纹，有点像颦眉的西子。可是这些变幻的光景在岸上或山上才能整个儿看见，在湖里倒不能领略许多。况且轮船走得究竟慢些，常觉得看来看去还是湖，不免也腻味，逛山就不同，一会儿看见湖，一会儿不看见；本来湖在左边，不知怎么一转弯，忽然挪到右边了。湖上固然可以看山，山上还可看山，阿尔卑斯有的是重峦叠峰，怎么看也不会穷。山上不但可以看山，还可以看谷；稀稀疏疏错错落落的房舍，仿佛有鸡鸣犬吠的声音，在山肚里，在山脚下。看风景能够流连低徊固然高雅，但目不暇接地过去，新境界层出不穷，也未尝不淋漓痛快；坐火车逛山便是这个办法。"朱自清在写下这些优美文字的时候，有没有想到那个曾经的美丽的女同学呢？

有趣的是，朱自清虽然在 18 日这天没有按约定和鲁蒂斯豪泽小姐见面，倒是和她的妹妹见面了——一定是受鲁蒂斯豪泽小姐的委托。朱自清还和她妹妹一起去逛了不列颠博物馆。原来，鲁蒂斯豪泽小姐是托她妹妹找朱自清代买一幅中国画的，并让朱自清帮助挑选。鲁蒂斯豪泽小姐的妹妹自己挑了一幅《猛虎图》，但拿不准她姐姐是否喜欢。朱自清在日记中也没有说明他的参考起了什么作用。但朱自清把她送到寄宿的地方后，送给她姊妹俩一盒巧克力。朱自清在日记中说："我料想她姐姐可能在家，但不好意思问，于是就和她告别了。"主动约朱自清见面的鲁蒂斯豪泽小姐不知为什么要来这一招，合理的解释是，鲁蒂斯豪泽小姐喜欢上朱自清了，但又不知道朱自清的想法，只好试探性地考察着朱自清。而朱自清和陈竹隐已经有了婚约，加上他好朋友吴宓和毛彦文的爱情闹剧，让朱自清在情感上更为慎重，在和鲁蒂斯豪泽小姐几次约会中，并没有说过超越同学之情以外的话，行为上也很绅士，这就让鲁蒂斯豪泽小姐最终知难而退了。不过一盒巧克力，既结束了朱自清和瑞士女孩鲁蒂斯豪泽小姐的异国同学之谊，也表示了自己的心情。

十几天之后的年终岁末，即 12 月 30 日，朱自清收到埃尔莎·鲁蒂斯豪泽小姐从瑞士寄来的明信片。朱自清收到明信片后，有没有给她回寄一张明信片或写一封信呢？日记里没有记录。

　　1932 年 1 月 11 日，朱自清再次收到鲁蒂斯豪泽小姐寄来的一封信，信中的内容，朱自清日记里同样没有记录和摘要。但是第二天，朱自清给鲁蒂斯豪泽小姐写了一封长信。朱自清只在日记里说是"长信"，有多长，说了些什么，日记里也没有透露。至此，朱自清在英国游学期间交往过的，并给他带来愉悦的异性朋友的友谊也就到此为止。只是，那封长信是朱自清留在异国的一个谜。

歇卜士夫人

1932年1月4日，朱自清从罗宾森夫人家搬了出来，搬到了芬乞来路新居。在搬家的前一天，朱自清就参加了歇卜士夫人邀请的茶会和晚餐，饭后还加入了他们的家庭舞会。朱自清在日记中说："我从来没有想到过我会跳探戈舞，可今晚我却跳了。"

到了新居当天，已经先搬来的柳无忌就带着朱自清到哈姆斯特德公共图书馆去了。朱自清在日记中说："这是一个很方便的读书地方。"又说："由于房间还没收拾好，我一整天都无所事事。晚饭不错。饭后我们玩了一会儿'纳普'，我很喜欢它。"所谓"纳普"，就是一种扑克牌的玩法。从此，朱自清住在歇卜士夫人家了。

正如朱自清在《房东太太》一文里所描写的那样，歇卜士太太是个"道地的贤妻良母",虽然丈夫已经去世,从她的谈话中以及对待女儿的态度中,处处都能体现出"贤妻良母"的特性来。朱自清在《房东太太》一文中,用了不少溢美之词。关于歇卜士太太的人生经历和她女儿的情况,文章中也略有介绍:

> 她原是个阔小姐,从小送到比利时受教育,学法文,学钢琴。钢琴大约还熟,法文可生疏了。她说街上如有法国人向她问话,她想起答话的时候,那人怕已经拐了弯儿了。结婚时得着她姑母一大笔遗产;靠着这笔遗产,她支持了这个家庭二十多年。歇卜士先生在剑桥大学毕业,一心想做诗人,成天住在云里雾里。他二十年只在家里待着,偶然教几个学生。他的诗送到剑桥的刊物上去,原稿却寄回了,附着一封客气的信。他又自己花钱印了一小本诗集,封面上注明,希望出版家采纳印行,但是并没有什么回响。太太常劝先生删诗行,譬如说,四行中可以删去三行罢;但是他不肯割爱,于是乎只好敝帚自珍了。

> 歇卜士先生却会说好几国话。大战后太太带了先生小姐,还有一个朋友去逛意大利;住旅馆雇船等等,全交给诗人的先生办,因为他会说意大利话。幸而没出错儿。临上火车,到了站台上,他却不见了。眼见车就要开了,太

太太这一急非同小可，又不会说给别人，只好教小姐去张看，却不许她远走。好容易先生钻出来了，从从容容的，原来他上"更衣室"来着。

太太最伤心她的儿子。他也是大学生，长的一表人才。大战时去从军；训练的时候偶然回家，非常爱惜那庄严的制服，从不教它有一个褶儿。大战快完的时候，却来了恶消息，他尽了他的职务了。太太最伤心的是这个时候的这种消息，她在举世庆祝休战声中，迷迷糊糊过了好些日子。后来逛意大利，便是解闷儿去的。她那时甚至于该领的恤金，无心也不忍去领——等到限期已过，即使要领，可也不成了。

小姐现在是她唯一的亲人；她就为这个女孩子活着。早晨一块儿拾掇拾掇屋子，吃完了早饭，一块儿上街散步，回来便坐在饭厅里，说说话，看看通俗小说，就过了一天。晚上睡在一屋里。一星期也同出去看一两回电影。小姐大约有二十四五了，高个儿，总在五英尺十寸左右；蟹壳脸，露牙齿，脸上倒是和和气气的。爱笑，说话也天真得像个十二三岁小姑娘。先生死后，他的学生爱利斯（Ellis）很爱歇卜士太太，几次想和她结婚，她不肯。爱利斯是个传记家，有点小名气。那回诗人德拉梅在伦敦大学院讲文学的创造，曾经提到他的书。

朱自清和柳无忌这两位房客的入住，给歇卜士夫人一家的生活带来了许多乐趣。歇卜士夫人的快乐人生也便一直延续着。1932 年 1 月 17 日早上吃早餐时，歇卜士夫人突然对朱自清说，她要把一首有趣的诗，当作她的墓志铭，刻在墓碑上。朱自清忘了这是谁的诗了，但内容还记得，诗云：

　　　　这儿躺着一个可怜的女人，
　　　　她在世永没有住过嘴。
　　　　上帝说她还会复活，
　　　　我们希望她永远不会。

　　虽然有自嘲的意思，但朱自清倒是希望她死后真的能复活。但是，和谐的生活，因为一个日本人要来住而发生了隔阂，1 月 26 日这天，有一个日本女人打电话给歇卜士夫人，她要介绍一对日本夫妇在歇卜士家租房子住一个月时间。这消息让歇卜士夫人很高兴。但是却给朱自清和柳无忌带来了难题：此时，日本军国主义正对我国发动侵略战争，朱自清和柳无忌都是爱国的知识分子，在这个时候，绝不想和日本人住在一起。所幸的是，这对日本夫妇后来又不来了，理由是，他们不愿意在短期内搬两次家。1 月 29 日这天，朱自清从报纸上看到日本人占领了上海，商务印书馆和北火车站被炸成一片火海。朱自清在当天日记中写道："这真是人类文化的浩劫，我担心东方图书馆是否还幸存着！"歇卜士夫人也看出了两个中国人心头的愁绪，跟朱自清和柳无忌一一拥抱，表示同情。

伦敦遇到了奇寒，1932年2月10日，朱自清随歇卜士夫人一家搬到了金树公寓，她原来在芬乞来路的房子，已经卖出去了。在《房东太太》里，朱自清也有介绍："这房子招徕住客，远在歇卜士先生在世时候。那时只收一个人，每日供早晚两餐，连宿费每星期五镑钱，合八九十元，够贵的。广告登出了，第一个来的是日本人，他们答应下了。第二天又来了个西班牙人，却只好谢绝了。从此住这所房的总是日本人多；先生死了，住客多了，后来竟有'日本房'的名字。"而这些日本人也会胡闹，在外面乱搞女人。有一回，一个日本人"忽然在饭桌上谈论自由恋爱，而且似乎是冲着小姐说的。这一来太太可动了气。饭后就告诉那个人，请他另外找房住。这个人走了，可是日本人有个俱乐部，他大约在俱乐部里报告了些什么，以后日本人来住的便越来越少了。房间老是空着，太太的积蓄早完了；还只能在房子上打主意，这才抵押了出去"。歇卜士太太以为现在经济不好，没有人会买她的房子，等手头里宽裕了再赎回来，没想到的是，"房子终于标卖，而且圣诞节后不久，便卖给一个犹太人了"。她当然不想卖了，赖着不搬，

"经理人又向法院告诉，法院出传票教她去。她去了，女儿搀扶着；她从来没上过堂，法官说欠钱不让房，是要坐牢的。她又气又怕，几乎昏倒在堂上；结果只得答应了加紧找房。这种种也都是为了女儿，她可一点儿不悔"。刚搬到金树公寓，歇卜士夫人分给朱自清一个小房间，朱自清嫌屋子太小，要了后边的一个大房间，房租却是两镑五先令，比他以前的房间贵了十个先令。

歇卜士夫人可能是生性过于敏感了，2月14日，一个叫莱格（Legge）的房客与歇卜士夫人通电话时出言不逊，使歇卜士夫人在吃饭时哭了。2月20日，又因为"礼貌"问题，和女仆发生了争执，朱自清在当天的日记中说："歇卜士夫人和女仆福洛丽（Flory）发生了口角，因为后者给凯德先生开饭时未戴白帽檐儿。歇卜士夫人对我说，这是对女主人和客人的失礼。但女仆说她对歇卜士夫人的客人已服侍得够好的了，其中也包括我。歇卜士夫人认为福洛丽对凯德如此无礼，是因为他的贫穷而不喜欢他，但她喜欢莱格，因为她认为他富有。"这个事让朱自清有点烦恼。还有一件事，也让朱自清烦恼，那就是凯德将要为更衣室付两个几尼的租金。"几尼"是英国一种旧金币的货币单位。凯德的所为，跟朱自清的态度正好相反。因此，朱自清希望那个日本人搬进来，他就可以借故搬走了。这事并没有消停，第二天，歇卜士夫人又告诉朱自清，福洛丽每个月可以从另一个住客日本人那里得到小费。日本人给她两先令或两个半先令。福洛丽还不喜欢柳无忌，因为柳无忌只在去年圣诞节前给过她四个先令，后来除了一张贺年片外什么也没给。这就是福洛丽为什么当着朱自清的面对歇卜士夫人说日本人很有钱。昨晚开饭时她不戴白帽檐儿大概也是这个原因了。看来势利眼在哪个国家都有的。接着朱自清在日记中又说："如果不是歇卜士夫人的议论使我对福洛丽产生偏见的话，她今天在厨房里的表现也实在使人难以容忍。我听见歇卜士夫人叫她快点做布丁，她说：'只有他一个人在家？'歇卜士夫人在楼下回答了她以后，她们就一起上楼了。福洛丽于是乎就在厨房里砰砰啪啪地摔打开了。我认为这是冲着我来的。她摔打了好一阵子，这使我很受刺激。我现在一点不喜欢这个住所了，希望日本人快点搬来。"除这件事外，歇卜士夫人还告诉朱自清，凯德想坐在桌子中间靠近火炉的那个座位上，但她不愿让朱自清屈居末位。她说她要把座位重新安排一下，让朱自清坐在她的右侧，而让歇卜士小姐坐在中间那个座位上。这应该是照顾朱自清了。然而福洛丽还是没完没了，朱自清在 22 日的日记中写道："歇卜士夫人告诉我，福洛丽今天午饭时把我们臭骂一顿。因为她今天没有像往常一样给她啤酒喝。"24 日这天，歇卜士夫人一大早就唠叨个不停，她走出餐厅后，另一个房客莱格惊讶地说："啊，老天哪！老天！"原来，那个福洛丽越来越放肆了，今天她竟当面对凯德无礼。其实莱格没必要大惊小怪，他也曾对歇卜士夫人出言不逊过。

1932年3月5日，朱自清出门访友，朋友告诉朱自清，唱片商店向他推荐的一张名叫《内疚》的唱片很好。此后，朱自清又从另一个朋友那里借了两张中国唱片，以便回到住所后，放给歇卜士夫人和其他人听听。回到住所后，当第一支曲子《游园惊梦》刚刚开始唱响时，歇卜士夫人就对她女儿说："那是猫叫吗？"朱自清听懂了她的话，那是暗示她不爱听了，弄得朱自清非常扫兴。朱自清所放的《游园惊梦》是京剧，是中国的国粹，没想到歇卜士夫人这么不懂欣赏。

接下来又接连发生了几起不愉快的事。3月6日这天，喝茶的时候，歇卜士夫人开始抱怨凯德，说了许多抱怨的话。朱自清觉得他们之间应该有些摩擦吧。果然，歇卜士夫人告诉朱自清，凯德的姐姐看见凯德同歇卜士小姐一起跳舞，就对凯德说："你该有个妻子了。"这句话刺伤了歇卜士夫人，觉得凯德的姐姐是对她和女儿的不敬。歇卜士太太还说，她不喜欢凯德，因为他太穷了。7日这天，受不了歇卜士夫人脾气的莱格走了。莱格常常在背后责怪歇卜士夫人。朱自清在当天的日记中说到莱格离开时，说："他很喜欢这里的许多男女房客。他还喜欢男女分桌吃饭，这样他就可够放肆地取闹。他还说凯德在此也顶多再住一两周了。这使歇卜士夫人很担心。"而8日这天，歇卜士夫人又对凯德发起了牢骚，因为凯德除了第一周付两个几尼的更衣室房租外，以后就不付了。到了22日晚上，凯德先生的外甥女来了，歇卜士夫人对她女儿说，在这糟糕的天气里她不希望接待来客，而凯德未经她的许可就把外甥女带来了。朱自清在当天的日记中写道："不管怎样人已经来了。凯德的甥女很开朗。并不好看，但很活泼。歇卜士小姐虽然只比她年长八岁，但像她的长辈。我们一起打乒乓球。这女孩球艺不高，然风度颇佳。"23日，朱自清在日记中说："歇卜士夫人令人生厌的唠叨使我今晚颇不愉快，她为炉火连续灭了几夜对女仆抱怨不止，从一大早就开始了毫无休止的唠叨，估计明晨她仍将继续这个话题。这使我想起莱格的感叹：'啊，天哪！天！'她那些反反复复没完没了的废话实在使人讨厌。"歇卜士夫人还唯恐事情不大，25日这天，把女仆背地里说凯德的坏话告诉了凯德，让凯德很恼火，表示若不适于在此居住，愿意搬走。歇卜士夫人听了竟跳起来，说："你可以明天就走。"朱自清在当天的日记中评论道："这真让人难以忍受。我看歇卜士夫人快要发疯了。昨晚她对她女儿做布丁有点'生疏'而唠叨不休。我实在感到厌烦了。她并不像我当初想象的那样和蔼可亲。"

经过这段时间的磨合，歇卜士夫人的本来面目，越来越让朱自清看得清楚了。对于歇卜士夫人和一些房客，朱自清也心存不满，朱自清在 3 月 28 日的日记中说："我不喜欢凯德，他心胸狭隘且固执己见。昨晚他在谈话中对我含沙射影，这倒是很少有过的事。"而一个叫马奇的房客，离开后，给歇卜士夫人来信说莱格搬走是因为她留居东方人。朱自清听说后特别愤怒，在 3 月 30 日的日记中说："这是可耻的借口。歇卜士夫人大概太喜欢东方人了，所以引起了西方人的不快。但她最好是不要让我知道。正如莱格批评的那样，她可真是太直率了。凯德在这一点上未说什么，可能莱格曾告诉他一些有关我的事。我敢肯定凯德并不喜欢东方人。我第一次感到生活在异国人中间的烦恼。己所不欲勿施于人，这条金科玉律需要阅历甚多才能体察得到。"

就在朱自清被房东和房客搞得越来越烦恼时，机会来了，1932 年 4 月 13 日，歇卜士夫人告诉朱自清，明天那个日本人要搬来了。朱自清在当天的日记里说："我对她说我很抱歉，根据我们事前达成的谅解，日本人搬进来我就搬走。她建议把休憩室改为我的起居室并让我在那里用餐，但我觉得那太寒酸了。我说那个日本人也不会愿意与我同住在一个屋子里的。"

说搬就搬，朱自清很快就在雷根特公园路 118 号租到了一个房间。1932 年 4 月 14 日，朱自清在日记里说："歇卜士夫人不让我付这三天的房租，我劝她也是徒然。她含着泪说，她并不想要钱，而是从来未能了解我和无忌的想法。我深受感动，但还是必须搬走。"

在搬家之前，凯德同朱自清谈心。他觉得他的同胞和朱自清不同。他认为战争不是任何个人的过错而是国家的过错，他说在前线休战的间歇里，他们甚至和德国人交换纸烟。朱自清在日记中写道："但他对我表示赞赏，因为他知道，如果我们中国人一旦与人建立友谊，那将是牢固的友谊，但同敌人绝不妥协。这倒的确是的，我们是有一些什么内在的东西不同于英国人。他的这个看法是相当有道理的。他还说他想象不出同一个敌对的战胜国的人坐在一起是什么滋味。"

歇卜士夫人是朱自清在英国期间遇到的第二个女房东，相处达四个月之久，由最初的印象很好，到逐渐认清了对方的真面目，也是朱自清在英国积累的人世间的一点经验吧。不过，朱自清在散文《房东太太》中，文笔还是收敛了很多，基本上都是在赞美歇卜士夫人。

留声机、唱片和音乐

　　朱自清喜欢音乐，不仅听了多场音乐会，还看了多场音乐剧和芭蕾舞剧。关于音乐方面的书籍也买了不少。

　　买留声机的事，他开始并没有计划。是和鲁潼平一次无意的谈话，让他萌发了购买的欲望——1932 年 1 月 23 日，朱自清和柳无忌、鲁潼平一起吃饭，鲁潼平建议去帝国剧院看嘉宝演戏。朱自清和柳无忌都同意了鲁潼平的建议。但是，出乎意料的是，鲁潼平又劝朱自清可以少看点戏，省下的钱去买个留声机。朱自清当时并没有答复，因为买留声机，或以在家的方式听音乐，并不是朱自清迫切需要的，所以，心性直率的朱自清还以为鲁潼平是出于一番善意，是鼓励朱自清多听音乐，便告诉鲁潼平，他明天要去帕拉达姆听一场音乐会，言下之意，听听就可以了，没必要买留声机。而鲁潼平这时候的真实面目才表露出来，说了一句话，深深地刺伤了朱自清，并触动朱自清改变自己的想法——你连留声机都舍不得买，又听不懂，还假装喜欢音乐。朱自清在当天的日记中说："他说我根本听不懂还要去。他的话伤了我的自尊心，但我回答'是的'。我们到了剧场，在我脱大衣的时候，鲁等得很不耐烦。他先向柳发牢骚，接着又责备我。我请他俩先走。演出时我默默无言，只说了短短的两句话。走出剧场以后，我立即跟他们分了手。"可能就是在"默默无言"时，朱自清暗暗下了决定，买留声机，在音乐方面下下功夫，堵堵这个小政客的嘴。

朱自清不是那种自视很高的人，但朱自清也是学问精湛的教授，鲁潼平用这样的口气跟朱自清说话，当然是他的智商堪忧了。朱自清用一句轻描淡写的"是的"回应，是一种以退为进的反击策略，并保持后边的一系列不满的表现，这也适合朱自清的个性。同时，既然艺术都是相通的，音乐为什么不去更深一步地研究和探索呢？就是培养一种兴趣爱好，也是漫长的人生中一件大有裨益的事嘛。何况，自己心爱的未婚妻陈竹隐也是音乐爱好者，能唱多支昆曲，他们的生活中，应该有一架欧洲最先进也最流行的留声机，趁自己身在欧洲之便，还可以精选些唱片带回国内。

再说这个敢以这样的态度对待朱自清的鲁潼平，又是何许人也呢？敢如此奚落朱自清并对朱自清无礼？要知道，朱自清不仅是新文学运动的先驱者之一，在文学创作和学术界有着重大的影响，就是一些在新文学界名声更大的作家或学者，如鲁迅、胡适、周作人等，也不敢小瞧朱自清，跟他同辈的作家、学者，如叶圣陶、俞平伯、郁达夫、郑振铎等人，更是把朱自清当作敬畏的同行和朋友，这个鲁潼平，算哪路神仙呢？原来，鲁潼平不过是挂着学者之名、实是一个一心专营的投机分子，他大学毕业后，曾在美国学习新闻，回国后在民国政府外交部任职。这次来到英国，在民国政府驻英国大使馆做随员，志趣并不在学术或新闻，总想以此之机镀金之后而攀附权贵。可惜朱自清没有那么大的权力，所有不过是不值一文的文名和才华而已，因此他从内心里瞧不上朱自清，只不过想利用朱自清附庸风雅罢了。

朱自清开始也没有看透他，加上身在异国，朋友不多，便和他有了来往。

朱自清和鲁潼平在英国最早的相见，是在 1931 年 10 月 26 日晚上，朱自清的居住地来了一位不速之客，他就是鲁潼平，刚一落座的鲁潼平，就向朱自清报告了自己的婚事，云将和蔡女士结婚。这个蔡女士，朱自清也知道，她就是朱自清清华大学的同事兼好友王化成夫人的妹妹。朱自清在当天的日记中说："此人机会甚佳，而无志学问，甚可惜也！"这就是道不同不相为谋了。此后，鲁潼平多次和朱自清相聚，或吃饭或饮茶，有时是鲁潼平和朋友一起请朱自清，朱自清出于礼貌，也会请鲁及朋友。但朱自清从内心里讨嫌他。他怂恿朱自清买留声机并非是真心，不过是小人之心愚弄朱自清而已。1932 年 2月 7 日，鲁潼平又到朱自清的住处来，和柳无忌一起玩桥牌，鲁潼平当着众人的面，再一次对朱自清不敬，朱自清在日记中说："他公然嘲弄了我一次，使我很难堪。"即使这样，朱自清也没有和他公开翻脸，而是在悄悄地做自己的事，一边听课学习，一边留心音乐方面的书籍和唱片，并继续听音乐会看歌舞剧。

1932 年 2 月 12 日，朱自清在福伊尔商场音乐部闲逛，翻看关于音乐方面的图书、唱片和音乐设备，也包括留声机。可能是过于专心致志而流连忘返吧，直到三时才想起原计划此时应去西尔科克先生办事处同他见面。2 月 14 日，朱自清匆匆走进阿尔伯特音乐厅听音乐，到的时候，顶楼的好座位都被人占满了，朱自清只好站在众人的身后。朱自清在当天的日记中说："这是个椭圆形的建筑，许多人站在我前面，我几乎连舞台也看不见，费了很大的劲才从他们的肩头之间看见了克赖斯勒（Kreisler）先生。可是我站得太高太远，所以看不清楚。观众四五次地要他'再来一个！'我想这一定是很少见的。"但这种音乐，并不是朱自清欣赏的那种，朱自清什么音乐都听，什么表演都看，目的就是提升自己的欣赏水平和鉴别能力。朱自清在日记里继续说:"说老实话,我可欣赏不了这种音乐,十几个节目中,只有一个有点打动我。对我来说,实在领略不了这种精巧微妙的艺术,真是毫无办法!"

到了2月15日这天,朱自清终于下定决心,到音乐商店买了一架留声机和一本《哥伦比亚音乐史》。至此,朱自清拥有了一架留声机,做一名真正的音乐发烧友,并在逛书店时,购买了多本关于音乐方面的书籍,音乐方面的图书也开始认真研读。16日,朱自清读完了第三本关于音乐方面的书。17日,朱自清去博贝尔斯剧场看一种带有小型歌舞的时事讽刺剧,其中的情节相当突出,表现了英国社会中一些玩世不恭、幽默发噱的插曲。朱自清在当天的日记中说:"舞台装置的引人之处倒不在于它的活动布景或侧景,而是它那表现梦境的纱幕。女演员的合唱也不错。她们穿着半裸的紧身服装。"18日,朱自清因急欲选购代表各阶段音乐史的唱片而心神不定,还专程进城去打听P.斯科尔斯关于留声机唱片的第二册书,但买不到,只好买了他写的另外一本《音乐简史》。朱自清在日记中用"自我安慰"来安抚自己。但由于目的没有达到而导致精神恍惚,致使朱自清在离开图书馆进城时,匆忙间把购买不久的自动铅笔遗落在那里的桌上了。朱自清在日记中又有点拿不准地说:"不过也说不好是否确实遗忘在图书馆里。那还是支新笔!"

从2月15日至18日连续四天,朱自清都在做着和音乐有关的事，从买留声机，到听音乐会，读音乐方面的书，买自己想买的音乐书，他真是要在音乐方面改变些什么了。但是 2 月 20 日，朱自清的留声机突然出现了故障，转盘不转了，这让朱自清感到伤脑筋，深感意外和失望。朱自清费劲找了半天，也不知毛病出在哪里。朱自清就是在焦躁不安中，去看了巴特尔福莱夫人的演出。朱自清在当天的日记中说："我喜欢那音乐，表演也很精彩。我以为剧本本身就写得很好。当我发现一个日本人坐在我前排座位上时，感到很不是滋味，几乎要退出剧场。但从他和夫人的谈话，以及从他夫人的服装、相貌上，我很快弄清楚他是个中国人，于是我冷静下来了。不过，我在自己国家的危急关头进戏院，这无论如何是不可原谅的！"朱自清的自责表现了一个爱国知识分子的情怀。但是，无论如何，留声机出了故障，也是让朱自清定不下心的，于是他在 2 月 22 日来到了出售留声机的那家商店，和店员进行了交涉，店员告诉他，转盘不转有可能是由于没打开留声机上的制动器——原来这么简单。2 月 23 日，朱自清看完了《音乐欣赏者指南》一书，朱自清在当天的日记中说："此书写得很清晰，比《乐理入门》这一类书好多了。非常想读珀西·巴克（Percy Buck）写的《如何欣赏音乐》一书。不知有没有这一类为哥伦比亚音乐史唱片而出版的书，最好是分开出售的，因为我已经有唱片了。"到了 2 月 25 日，朱自清又读了几本音乐方面的书，还读完了《音乐简史》，并开始读《音乐史》，朱自清称《音乐史》"是一本好书"。2月26日，朱自清去看了爱泼斯坦（Epstein）的画展，朱自清认为他的作品都是极端现代派的。然后到邦德街的一家音乐厅去听自动钢琴音乐会，朱自清认为"演奏的节目虽一目了然，然其内涵非常错综复杂，使人不能立刻领悟"。

2月28日，鲁潼平再次在朱自清的日记中出现——朱自清在陪唐兰一起去国家美术馆参观后，又同去拜访了鲁潼平，谈了什么并不重要。但朱自清在当天的日记中说："我不喜欢鲁那冷笑的面孔。"看来鲁潼平是对每一个学者都摆出一副小政客的嘴脸的，对朱自清如此，对唐兰也如此。

1932年3月3日，这个讽刺朱自清不懂音乐的家伙，开始作妖作怪了，居然向朱自清借钱了。朱自清在当天的日记中说："鲁潼平真是讨厌，他向我借十英镑并说短期内就归还。我不得不答应，但我不信任他，我想他是个下流坯。我是从唐兰先生那里得到这个印象的，他告诉我有关鲁与他的妻子的事。我怕他会不辞而别。但无论如何我必须把这笔钱借给他。我经常自投罗网——如果我不告诉他我买了个留声机，他可能不会向我借钱。要沉默！这是一条宝贵的原则。对于金钱，我倒是不太在乎的，但我不喜欢他这个人，这是其一；此外，我也需要钱来实现我的旅行计划。假如失去十镑，那总是桩倒霉的事。"3月4日，朱自清在日记中用"借给鲁这个下流坯十英镑"来表达对鲁潼平的不满。

买唱片、听音乐，还到处买关于音乐方面的图书，是这一阶段朱自清游学生涯中的重要内容，很多朋友都知道朱自清的新爱好了，有人向他推荐了一张名叫《内疚》的唱片，他也向中国朋友借了两张中国唱片，选好预订的也都买来了，但这样的花费太大了，朱自清在 3 月 9 日的日记中惊讶地说："我在音乐方面花掉的钱要超过九镑了，天哪！"惊讶归惊讶，唱片还是要买，11 日，又去店里退换所订的唱片，这次遇到另一个店员，他态度粗暴，对朱自清很冷淡。朱自清在当天的日记中说："我发誓以后决不再到这家商店去买唱片了。"被粗暴地对待，也不过是不在"这家"买，别家还是照买不误。14 日，他又在日记中说："因买书和唱片花费过多而不安。"在"不安"中，又于 19 日"买了一张夜莺和教堂钟声的唱片"。这天又在阿斯托里亚听萨克斯管弦交响乐团的演奏，由赫伯特·劳吉斯指挥。他们自称像这种类型的管弦乐队是世界上独一无二的。它们包括各种大小不同的萨克斯管，其他大约有六或八个单簧管，三或四个吉他，还有钢琴、手风琴（或爵士手风琴）、鼓和钹等。朱自清对乐队演出时，乐队演员在演奏时的摇来摆去，感到不明，不知"用意何在"。20 日，朱自清读完斯克尔斯的《音乐史》。21 日，又在马康尼（Makone）先生处弄到一本旧的牛津版民歌集，皮面烫金边，是一本漂亮得不可多得的小书，朱自清甚为中意。还有一件事，也让朱自清特别开心，以前他一直没有买到的《哥伦比亚音乐史》，朱自清的任课老师马康尼先生告诉朱自清，他能弄到，朱自清在日记中用"甚喜"来表示快乐的心情。这天，继续读音乐方面图书的朱自清，在读到列奥尼德·萨巴尼也夫（Leonid Sa Baneyeff）的《俄罗斯现代作曲家》最后一章时，在当天的日记中写道："该章主要叙述革命后的俄国音乐。作者说，事实上俄罗斯音乐具有幻想式的神秘主义色彩，所以它不会轻易屈从于政治，就像人类过去不屈从于教会一样。工人们并不欣赏所谓的革命音乐，他们反倒对资产阶级音乐或民歌以及流传于工厂中的民谣很欣赏。不过，作者举出两个实际上都是从工人中成长起来的作曲家为例，他们是戴希沃夫（Dyshevoff）和罗斯拉夫耶茨（Roslavyets）。这两人的创作风格截然不同。作者介绍说，后者的歌是为工人和为革命而作。此外，格奈辛（Gnyesin）也是个有才干的作曲家，他的纪念碑钢琴协奏曲是献给一九零五年的革命的，是部浪漫主义作品。作者认为虽然塞里比亚派的目标是团结全人类，但只对该派的少数发起人有吸引力，因此民族乐派将取代塞里比亚派。他主张音乐应属于人民大众。"这天的活动真丰富啊，全部和音乐有关，朱自清在日记中继续写道："去老维克剧场看芭蕾舞，听古诺、埃尔加、德彪西、拉威尔和范汉恩等人的音乐。幼儿园组曲是埃尔加作的，演奏结束时，听众们向指挥奥顿·多林喊'再来一个!'他把包厢里的埃尔加请到舞台上,听众们向他热烈欢呼。"这一天,简直就是音乐的一天。3月23日,朱自清到一个教堂去听风琴独奏,但因天气寒冷而停止了演出。朱自清回家后,意犹未尽,在第十四版《大英百科全书》上查"风琴"词条,领会了关于"风琴"一词的定义。3月25日,朱自清读《弥赛亚》(《救星》)一书,这是一部关于音乐的名著。朱自清在当天的日记中说:"文字简单明了,具有诗一样的力量。它对音乐阐述得非常透彻,见不到冗长的句子。"3月29日,朱自清买了一张《从爵士乐到韵律节奏》的讲课唱片,在听了讲课唱片后,大约弄明白为什么爵士乐队的乐手在演出时要左右摇摆了吧?但他又后悔买了《厄尔金》这张唱片了。第二天,朱自清去音乐商店,将《厄尔金》换了另一张更老的歌曲唱片。在这天的日记中,朱自清再次提醒自己:"音乐唱片买得太多了!! 乱花钱。"

1932年4月3日,朱自清在住所接待了来访的朋友 V. L. 和秦善鋆,秦善鋆想为泰勒(Taylor)回纽约向朱自清借二十英镑,朱自清答应了。这天的谈话也是让朱自清感到愉快的,也许这是他痛快地答应借钱的原因吧。朱自清在当天的日记中说:"我们谈到西方音乐在中国的情况。他认为,对我们民族来说,西方音乐比科学更难被理解和接受,在我们这一代,要真正做到把它们引进和吸收过来,是办不到的。"这里的"他",

就是秦善鋆。4月4日，朱自清日记云："花了很多时间在福伊尔挑选 S.H. 的唱片，听了听《伏尔加船夫曲》，这支曲子真是深沉雄伟。"

可以说，在离开伦敦游学前的那一两个月中，朱自清购买了一架留声机后，开始疯狂地恶补音乐方面的知识，买了大量的音乐图书和唱片，本来就有考察西方戏剧的任务并观看了大量舞台剧，这段时间就更加注重音乐剧和音乐会了。稍许遗憾的是，朱自清在音乐方面所下的功夫，没有在他的文章中有所体现。

为朱光潜新书作序

　　1932 年 4 月 5 日，朱自清在日记中说："为 K.T. 的书写了两篇序言，并不感到满意。但我已尽了自己的最大努力，故寄出。"

　　"K.T."，即朱光潜。

　　朱光潜的两部美术著作分别是《谈美》和《文艺心理学》。朱光潜在《记朱佩弦先生》一文中也说到这件事："后来他由清华休假到欧洲去，我还在英国没有归来，在英国彼此又有一个短时期的往还。那时候，我的《文艺心理学》和《谈美》的初稿都已写成，他在旅途中替我仔细看过原稿，指示我一些意见，并且还替我做了两篇序。后来我的《诗论》初稿也送给他，由他斟酌过。我对于佩弦先生始终当作一位良师益友信赖。这不是偶然的。在我的学文艺的朋友中，他是和我相知最深底一位。我的研究范围和他的也很相近，而且他是那样可信赖的一位朋友，请他看稿子他必仔细看，请他批评他也必切切实实地批评。我的《文艺心理学》有一两章是由他的批评而完全改写过底，在序文里我已经提到这一点。"

朱光潜文中所说的朱自清是在旅途中看完了他的两本书稿，应该是准确的。朱自清在写这两篇序言之前的 4 月 1 日、2 日、3 日，连续三天没有写日记，估计就是在读这两部书稿。在《谈美》的序中，朱自清说："新文化运动以来，文艺理论的介绍，各新杂志上常常看见；就中自以关于文学的为主，别的偶然一现而已。同时各杂志的插图却不断地复印西洋名画，不分时代，不论派别，大都凭编辑人或他们朋友的嗜好。也有选印雕像的，但比较少。他们有时给这些名作来一点儿说明，但不说明的时候多。青年们往往将杂志当水火，当饭菜；他们从这里得着美学的知识，正如从这里得着许多别的知识一样。他们也往往应用这点知识去欣赏，去批评别人的作品，去创造自己的。不少的诗文和绘画就如此形成。但这种东鳞西爪积累起来的知识只是'杂拌儿'……从这种凌乱的知识里，得不着清清楚楚的美感观念。徘徊于美感与快感之间，考据批评与欣赏之间，自然美与艺术美之间，常使自己冲突，自己烦恼，而不知道怎样去解那连环。"正因为如此，朱光潜关于《谈美》一书的问世，正是时候。朱自清接着说："这部小书便是帮助你走出

朱光潜

这些迷路的。它让你将那些杂牌军队改编为正式军队；裁汰冗弱，补充械弹，所谓'兵在精而不在多'。其次指给你一些简截不绕弯的道路让你走上前去，不至于彷徨在大野里，也不至于彷徨在牛角尖里。其次它告诉你怎样在咱们的旧环境中应用新战术；它自然只能给你一两个例子看，让你可以举一反三。它矫正你的错误，针砭你的缺失，鼓励你走向前去。"

在《文艺心理学》的序言里，朱自清更是从朱光潜八年前的另一本书《无言之美》谈起，说现在又读"《文艺心理学》的原稿，真是缘分"。朱自清在序言中说："美学大约还得算是年轻的学问，给一般读者说法的书几乎没有；这可窘住了中国翻译介绍的人。据我所知，我们现有的几部关于艺术或美学的书，大抵以日文书为底本；往往薄得可怜，用语行文又太将就原作，像是西洋人说中国话，总不能够让我们十二分听进去。再则这类书里，只有哲学的话头，很少心理的解释，不用说生理的。像'高头讲章'一般，美学差不多变成丑学了。"这个分析是真实的，文艺心理学在当时确实很新鲜，也很时尚。正因为新鲜和时尚，相关的书籍和资料就会少得出奇。而朱自清对于这本稀见的《文艺心理学》特别欣赏，评价道：作者"不想在这里建立自己的系统，只简截了当地分析重要的纲领，公公道道地指出一些比较平坦的大路。这正是眼前需要的基础工作。我们可以用它作一面镜子，来照自己的面孔，也许会发现新的光彩。书中虽以西方文艺为论据，但作者并未忘记中国；他不断地指点出来，关于中国文艺的新见解是可能的。所以此书并不是专写给念过西洋诗，看过西洋画的人读的。他这书虽然并不忽略重要的哲人的学说，可是以'美感经验'开宗明义，逐步解释种种关联的心理的，以及相伴的生理的作用，自是科学的态度。在这个领域内介绍这个态度的，中国似乎还无先例；一般读者将乐于知道直到他们自己的时代止的对于美的事物的看法。孟实先生的选择是煞费苦心的；他并不将一大堆人名与书名向你头顶上直压下来，教你望而却步或者皱着眉毛走上去，直到掉到梦里而后已。他只举出一些继往开来的学说，为一般读者所必须知道的。所以你念下去时，熟人渐多，作者这样腾出地位给每一家学说足够的说明和例证，你这样也便于捉摸，记忆"。

就在为朱光潜的两本新书写了序言之后的 1932 年 4 月 11 日，朱自清又收到朱光潜的另一本书《实验美学概要》手稿。朱光潜对朱自清也太信任了，从时间上看，朱光潜是刚刚收到朱自清寄出的两篇序文，就把另一部新作手稿又寄来了。可能是准备忙于欧洲各国之游吧，朱自清没有为好朋友的这一部新作写序。

说来有趣，朱自清在伦敦的这段时间里，所买之书和所读之书，有许多也是关于文艺学和美学的，加上他又热衷于参观各大博物馆和美术馆，甚至参与当地人的读诗会，对于西方艺术有了大概的了解，加上年轻时和丰子恺为好友，经常和丰子恺谈画论艺，自己的新书《踪迹》和俞平伯的新书《忆》，以及他们的《我们的七月》的封面都是请丰子恺画的，从这些经验中，也得到了美学的熏陶，再结合朱光潜文章中的观点和理论，他的思维和情感也很切合为这两本书来写序。

朱自清和朱光潜在很早以前就认识了，1924 年春，朱自清还在浙江白马湖畔春晖中学任教的时候，朱光潜因为所供职的上海中国公学中学部因江浙军阀战事而暂停，经朋友介绍，也来到了春晖中学任教，和朱自清成为同事，虽然同事时间不长，但二人相处却极好，经常一起谈文论艺，喝酒聊天，还一起去附近游览，结下了深厚的情谊。后来春晖中学闹了学潮，朱光潜和一部分教员来到上海，在匡互生的主持下，成立了立达学园。朱自清因为家累而没有随众好友一起到上海去，继续留在了春晖中学，直到1925年8月。但是，朱自清和立达学园的老朋友们依旧保持着友谊，和朱光潜也常有见面。朱光潜于1925年出国留学，先后在欧洲的多所大学读书，如英国爱丁堡大学、伦敦大学，法国巴黎大学、斯特拉斯堡大学，并获得了文学硕士、博士学位。两位老朋友，能够在英国伦敦相遇，并还有合作，实乃天赐机缘——朱光潜的新著中，能有朱自清的序言，而朱自清能够为朱光潜的新书作序，真的是珠联璧合，相互辉映。

朱光潜是1933年回国的，任国立北京大学教授，和朱自清的清华大学互为邻居，而两个人的合作仍在继续。朱光潜在朱自清逝世后写作的《记朱佩弦先生》一文中，还深情地回忆两个人的友情："民国二十二年，我回国任教北京大学。他约我在清华讲了一年'文艺心理学'，此后过从的机会就更多。在北平底文艺界朋友们常聚会讨论，有他必有我。于今还值得提起底有两件事。一是《文学杂志》，名义上虽由我主编，实际上他和沈从文、杨金甫、冯君培诸人撑持的力量最多。这刊物因抗战停了十年，去年算是又恢复起来了。头一期就有佩弦先生的文章，但是因为他多病，文债的担负又重，我们不像从前那样容易得到他的文章。其次是朗诵会，当时朋友们都觉得语体文必须读得上口，而且读起来一要能表情，二要能悦耳。以往我们中国人在这方面太不讲究，现在要想语体文走上正轨，我们就不能不在这方面讲究，所以大家定期聚会，专门练习朗诵，有时趁便讨论一般文学问题。佩弦先生对于这件事最起劲。语文本是他的兴趣中心，他随时对于一个字的用法或一个字的讲法都潜心玩索，参加过朗诵会底朋友们都还记得，他对于语体文不但写得好，而且也读得好。"

不久之后，朱光潜又以书评《朱佩弦先生的〈诗言志辨〉》的形式，再次追悼朱自清，还在文中不无惋惜地说："此后十年二十年应该是他的秋收时节。可老天偏吝惜这十年二十年不给他。"朱光潜对朱自清的这本《诗言志辨》做了极高的评价，认为是"对于文学批评史底一种重要的贡献"。可惜朱自清无法看到朱光潜对自己新作的评价了，不然，两位老友对各自新作的互为欣赏和评论，一定是文学界的又一个佳话。

博物馆

在伦敦期间，参观大大小小的博物馆，或类似于博物馆的各种展览馆，也是朱自清这次考察游学的一项重要计划。朱自清甫到伦敦，就马不停蹄地看了分布在伦敦各处的博物馆，如伦敦博物馆、科学博物馆、维多利亚和阿拉伯纪念馆、莱丝特美术馆、老邦德街吉夫斯美术馆、迪普洛马和吉布森美术馆、德雷珀会堂、不列颠博物馆等。朱自清参观这些馆，并不只是看看表象，走马观花，而是对许多藏品都要进行追踪、探索和研究。在《博物院》一文里，朱自清说伦敦的博物馆很多，"千头万绪""只好捡大的说罢了"。

那么朱自清在伦敦看过的博物馆都有哪些印象呢？维多利亚亚伯特院是一个美术博物院，最为富丽堂皇，"所收藏的都是美术史材料，而装饰用的工艺品尤多，东方的西方的都有。漆器，瓷器，家具，织物，服装，书籍装订，道地五光十色。这里颇有中国东西，漆器瓷器玉器不用说，壁画佛像，罗汉木像，还有乾隆宝座也都见于该院的'东方百珍图录'里"。这段话是朱自清在散文《博物院》中的描写。而不列颠博物馆里又是另一番景象，它们重视"考古学的收藏，名人文件，抄本和印本书籍，都数一数二；顾恺之《女史箴》卷子和敦煌卷子便在此院中"。当然，中国的这些好东西，都是被英国人抢去的。

对于英国博物馆和欧洲大陆许多大博物馆里收藏的别国的好东西，欧洲人有一个很霸道的观点，说这些宝贝，只适合在他们的博物馆收藏。言下之意是，别国没有这个能力。没有收藏的能力是多方面的，比如贫穷、落后、战乱、愚昧、麻木，等等。多年前我曾在德国待过二十多天，他们文化机构里的某位大员在说到柏林博物馆岛上的新博物馆里所藏的许多世界珍贵藏品时，就说过类似的话，说中东的战乱，说战乱中毁坏了多少多少古籍，而这些古籍曾是古代的文明，等等，一副惋惜的口气。殊不知这些战乱是谁造成的呢？他们还沾沾自喜地说，如果不是他们花大力气提前把这些珍宝弄来收藏好，怕是早就消失得无影无踪了。我对于他们的话很不以为然，但也无可奈何，无言以对。

有些博物馆，朱自清还反复地去，看了再看，如1932年4月7日，朱自清告诉歇卜士夫人，不能和他们玩牌了，因为要去不列颠博物馆。而此后一连四天，朱自清都泡在不列颠博物馆里，这四天又恰巧天天下雨，参观的人比平时要少一些，可以安心地看，安心地描写形状、抄写摘要了。在不列颠博物馆，除了上述提到的顾恺之《女史箴》的卷子和敦煌卷子，他还看到什么呢？朱自清在散文《博物院》里有较详细的介绍："瓷器也不少，中国的，土耳其的，欧洲各国的都有；中国的不用说，土耳其的青花，浑厚朴拙，比欧洲金的蓝的或刻镂的好。考古学方面，埃及王拉米塞斯第二（约公元前1250）巨大的花岗石像，几乎有自然史院大爬虫那么高，足为我们扬眉吐气；也有坐像。坐立像都僵直而四方，大有虽地动山摇不倒之势。这些像的石质尺寸和形状，表示统治者永久的超人的权力。还有贝叶的《死者的书》，用象形字和俗字两体写成。罗塞他石，用埃及两体字和希腊文刻着诏书一通（公元前195），一七九八年出土；从这块石头上，学者比对希腊文，才读通了埃及文字。"接下来，朱自清又写了希腊帕特农神庙（Parthenon）的各种雕刻件，并号称是该院"最足以自豪的"藏品。朱自清介绍道："这个庙在雅典，奉祀女神雅典巴昔奴；配利克里斯（Pericles）时代，教成千带万的艺术家，用最美的大理石，重建起来，总其事的是配氏的好友兼顾问，著名雕刻家费迪亚斯（Phidias）。那时物阜民丰，费了二十年工夫，到了公元前四三五年，才造成。庙是长方形，有门无窗；或单行或双行的石柱围绕着，像女神的马队一般。短的两头，柱上承着三角形的楣；这上面都雕着像。庙墙外上部，是著名的刻壁。庙在一六八七年让威尼斯人炸毁了一部分；一八〇一年，爱而近伯爵从雅典人手里将三角楣上的像，刻壁，和些别的买回英国，费了七万镑，约合百多万元；后来转卖给这博物院，却只要一半价钱。院中特设了一间爱而近室陈列那些艺术品，并参考巴黎国家图书馆所藏的巴昔农庙诸图，做成庙的模型，巍巍然立在石山上。"在介绍希腊雕像时，该雕像又与埃及的大不相同："绝无僵直和紧张的样子。那些艺术家比较自由，得以研究人体的比例；骨架，肌理，皮肉，他们都懂得清楚，而且有本事表现出来。又能抓住要点，使全体和谐不乱。无论坐像立像，都自然，庄严，造成希腊艺术的特色：清明而有力。当时运动竞技极发达；艺术家雕神像，常以得奖的人为'模特儿'，赤裸裸的身体里充满了活动与力量。可是究竟是神像；所以不能是如实的人像而只是理想的人像。这时代所缺少的是热情，幻想；那要等后世艺人去发展了。庙的东楣上命运女神三姊妹像，头已经失去了，可是那衣褶如水的轻妙，衣褶下身体的充盈，也从繁复的光影中显现，几乎不相信是石人。那刻壁浮雕着女神节贵家少女献衣的行列。少女们穿着长袍，庄严的衣褶，和命运女神的又不一样，手里各自拿着些东西；后面跟着成队的老人，妇女，雄赳赳的骑士，还有带祭品的人，齐向诸神而进。

诸神清明彻骨，在等待着这一行人众。这刻壁上那么多人，却不繁杂，不零散，打成一片，布局时必然煞费苦心。而细看诸少女诸骑士，也各有精神，绝不一律；其间刀锋或深或浅，光影大异。少壮的骑士更像生龙活虎，千载如见。"如此细致而精准的描写，没有精心的观察和出神入化的文笔根本办不到。

在参观这些博物馆时，朱自清对名人文件也感兴趣："院中所藏名人的文件太多了。像莎士比亚押房契，密尔顿出卖《失乐园》合同（这合同是书记代签，不出密氏亲笔），巴格来夫（Palgrave）《金库集》稿，格雷《挽歌》稿，哈代《苔丝》稿，达文齐（今译达芬奇），密凯安杰罗（今译米开朗基罗）的手册，还有维多利亚后四岁时铅笔签字，都亲切有味。至于荷马史诗的贝叶，公元一世纪所写，在埃及发现的，以及九世纪时希伯来文《旧约圣经》残页，据说也许是世界上最古《圣经》钞本的，却真令人悠然遐想。还有，二世纪时，罗马舰队一官员，向兵丁买了一个七岁的东方小儿为奴，立了一张贝叶契，上端盖着泥印七颗；和英国大宪章的原本，很可比着看。院里藏的中古钞本也不少；那时欧洲僧侣非常闲，日以抄书为事；字用峨特体，多棱角，精工是不用说的。他们最考究字头和插画，必然细心勾勒着上鲜丽的颜色，蓝和金用得多些；颜色也选得精，至今不变。某钞本有岁历图，二幅，画十二月风俗，细致风华，极为少见。每幅下另有一栏，画种种游戏，人物短小，却也滑稽可喜。画目如下：正月，析薪；二月，炬舞；三月，种花，伐木；四月，情人园会；五月，荡舟；六月，比武；七月，行猎，刈麦；八月，获稻；九月，酿酒；十月，耕种；十一月，猎归；十二月，屠豕。钞本和印本书籍之多，世界上只有巴黎国家图书馆可与这博物院相比；此处印本共三百二十万余册。有穹窿顶的大阅览室，圆形，室中桌子的安排，好像车轮的辐，可坐四百八十五人；管理员高踞在毂中。"

　　各种画院是必须要看的，国家画院、泰特画院等都多次留下朱自清的身影。朱自清对印象派、浪漫派、神秘派都有非常深的印象，也引发他很多的感想。在《博物院》里，朱自清有这样精细的描写："特耐尔是十九世纪英国最大的风景画家，也是印象派的先锋。他是个穷苦的孩子，小时候住在菜市旁的陋巷里，常只在泰晤士河的码头和驳船上玩儿。他对于泰晤士河太熟了，所以后来爱画船，画水，画太阳光。再后来他费了二十多年工夫专研究光影和色彩，轮廓与内容差不多全不管；这便做了印象派的前驱了。他画过一幅《日出：湾头堡子》，那堡子淡得只见影儿，左手一行树，也只有树的意思罢了；可是，瞧，那金黄的朝阳的光，顺着树水似的流过去，你只觉着温暖，只觉着柔和，在你的身上，那光却又像一片海，满处都是的，可是闪闪烁烁，仪态万千，教你无从捉摸，有点儿着急。"可见朱自清看得多么的专注了。而泰特画院中还藏着诗人勃来克（William Blake，1757—1827）和罗塞蒂（Dante Gabriel Rossetti，1828—1882）的画。朱自清对于他们也是有相当的了解："前一位是浪漫诗人的先驱，号称神秘派。自幼儿想象多，都表现在诗与画里。他的图案非常宏伟；色彩也如火焰，如一飞冲天的翅膀。所画的人体并不切实，只用作表现姿态，表现动的符号而已。后一位是先拉斐尔派的主角；这一派是诗与画双管齐下的。他们不相信'为艺术的艺术'，而以知识为重。画要叙事，要教训，要接触民众的心，让他们相信美的新观念；画笔要细腻，颜色却不必调和。罗氏作品有着清明的调子，强厚的感情；只是理想虽高，气韵却不够生动似的。"

朱自清在英国后期的游览中，以伦敦为中心，又观看了不少博物馆，如1932年5月7日，朱自清参观了菲茨威廉博物馆，10日，参观了自然历史博物馆和肯辛顿花园，11日上午去看了艾伯特维多利亚博物馆，午后又去杜尔威奇美术馆参观，朱自清在当天的日记中说："这个美术馆以展出荷兰画著称，我去看时里面有十五幅凯卜的画。展览会的环境和陈设很美。"13日去看了帝国战争博物馆，又看了维多利亚和艾伯特博物馆。这也是朱自清在英国伦敦参观的最后一批博物馆。总之，英国的博物馆文化，特别是集中于伦敦地区的博物馆，也是朱自清这次游学要重点考察的。朱自清在参观博物馆中所吸收的营养，所受到的启发，所提升的修养，不是一篇《博物院》所能体现出来的。

伦敦的吃

　　民以食为天。无论生活在什么样的环境当中，吃都是生活中最基本的日常之一。

　　朱自清刚到欧洲，就和朋友们开启了各种吃的模式，吃除了填饱肚子外，还是一种享乐，同时也是一种社交的形式。这些，朱自清在欧洲都有经历。1931 年 9 月 5 日，在巴黎停留时，午饭就在大学饭店吃的，晚饭又吃一天津馆，都是朋友们请的。但是在国外吃中国菜，总是不习惯的，因此朱自清在这天的日记中用"菜未佳"来表示。

　　吃什么，怎么吃，和谁吃，在哪里吃，这样的一日三餐，朱自清并不是每顿饭都要记流水账，只有在和朋友们吃饭时，或吃某个有特色的馆子时，才会顺手记上一笔。1931 年 9 月 7 日日记曰："晚坐大咖啡馆，如扬州茶店也。"朱自清在日常生活中，常有吃多了的记录。但能找到"扬州茶店"的感觉，也是不多见的。朱自清从小在扬州长大，淮扬菜是讲究比较多的菜系，大约是吃了不少当地美食，能在国外感受到扬州的家乡风味，真是难得。此外，因吃而引起的肠胃不舒服，也会记上一笔。在欧洲，最早出现这类文字的，是在1931年9月20日，朱自清日记曰："近肠胃殊不适，甚可厌。"

朱自清最早的日记是在1924年7月28日至11月30日，此后直到这次出国，才又恢复日记。从朱自清的文章、日记、书信和他逝世后朋友的悼念文章看，朱自清并不是一个美食家，他对吃不怎么讲究，也不去研究和享受美食，更没有像其老师周作人那样，专门写吃吃喝喝的文章，而他的学生汪曾祺，不但会写美食文章，还会烹饪，像汪曾祺这样又会吃又会做又会写的，就是美食家了。朱自清只是对偶尔吃到的可口的饭菜才会评说一两句，比如1924年4个多月的日记里，写到吃饭的有二三十条，带有评说的，只有数条：1924年7月16日，朱自清晚上应邀到徐奎家吃饭，朱自清日记说："吃酥面萝卜丝饼，甚佳。"7月20日日记曰："遇功一，购蛋糕及小面包，而没有开花馒头，甚怅！因日来颇思当年在唐大家吃油炸'京江脐'蘸鸡汤风味也。"7月22日日记曰："晚到吴家，吃杏仁豆腐，以洋菜糜和杏仁露凝成，再加杏仁露汤，味甚美。又进双弓米，小菜四色：咸蛋、绿笋、菜烘、鲫鱼，均可口——后两色尤佳。"9月19日日记曰："……席间有鸡,甚嫩美,芋芳煨鸭,亦鲜隽。"周锦在《与周翕庭先生谈朱自清》一文中采访朱自清的妹夫周翕庭时,周说:"朱先生不喜欢山珍海味,但是对一般的吃却很有讲究。他喜欢芦叶包的白粽子,认为有清香,不夹杂味。据他的经验,苏北河边的芦叶最好,摘取自顶端向下数第二三两片更好,因为第一片嫩淡,第四片以下老涩,都不是正味。"如果照这样的路子走下去,朱自清真的可以写写美食的,可以在吃上花些心思的。但是朱自清的心思都花在写作上了,再加上生活的穷困,伙食以吃饱为主,也无法经常下馆子,做个美食家,谈何容易。

这次欧洲之行,恢复了日记的写作,让我们能够大略知道朱自清在欧洲期间的部分饮食情况,如和朋友之间的吃请,自己去吃什么有特色的馆子,朱自清时常在日记中带上一笔。同时,也多次有胃不舒服的记录,他自己认为都和吃有关,有时以为菜肴不宜,抑或是自己贪吃,从未想到是胃病的早期征兆。1931年9月26日,朱自清日记曰:"肠胃仍不甚佳,舌皮似破,水土殊未服。余素善适应异地环境,出国乃不尔,甚怪。"朱自清还是两天前晚上和朋友们一起下了馆子,日记中说:"晚至上海楼吃饭,中国人殊少,菜不恶。"因为菜不恶,大约是吃了不少。到了27日,日记中还说"肠胃仍不佳"。28日中午又下了一顿馆子,日记中说:"上午王君来,同吃午饭。"王君即王赣愚。29 日，大约是实在撑不住了，在日记中说："肠胃仍劣！明日决减食。"这几乎是在发誓了。到了 10 月 3 日，朱自清在日记里说："饭于南京楼，三分之一（镑），一汤二菜，甚佳，菜极丰。"这已经是非常克制了。但是，10 月 6 日那天，朱自清有吃泻药的日记："下午吃泻盐，泻二次，较舒适矣。"这难道是于 10 月 3 日那天在南京楼又吃多啦？一汤两菜，一个人吃，也是不少了，莫非是减食后的反弹？ 10 月 7 日，朱自清再赴南京楼午餐，日记中用"甚佳"来表示满意。但是，到了晚上，胃又不适了。真是反反复复啊！

朱自清在伦敦，基本上以中餐为主，仅南京楼就去过不少次，有一次吃午饭时，还在南京楼遇到一个中国学生在大骂美国学生，是看了一篇美国人写的论文而引发的。对于西餐，朱自清还是不适应，1931 年 10 月 19 日晚，王昭隽在一家烤肉店吃饭，朱自清在日记中用"甚不美"来评价。而他常去的当地餐饮店，是离他两次居住地都不远的快捷奶制品店，这里也有不少中国人用餐。

关于朱自清在伦敦的吃，《伦敦杂记》里就有一篇专文，篇名就叫《吃的》，文中记述了在伦敦大半年的吃食经过，认为"英国饭吃来吃去，主菜无非是煎炸牛肉排羊排骨，配上两样素菜"，仅此而已。在说到圣诞节时的英国人的餐饮，朱自清写道："一九三一年十二月烹调社开了一回晚餐会，从十八世纪以来的食谱中选了五样菜（汤和点心在内），据说是又好吃，又不费事。这时候正是英国的国货年，所以报纸上颇为揄扬一番。"而伦敦大街上的餐饮，也是有等级之分的，朱自清在《吃的》中说："头等饭店总是法国菜，二等的有意大利菜、法国菜、瑞士菜之分；旧城馆子和茶饭店等才是本国味道。茶饭店与煎炸店其实都是小饭店的别称。茶饭店的'饭'原指的午饭，可是卖的东西并不简单，吃晚饭满成；煎炸店除了煎炸牛肉排羊排骨之外，也卖别的。头等饭店没去过，意大利的馆子却去过两家。一家在牛津街，规模很不小，晚饭时有女杂耍和跳舞。只记得那回第一道菜是生蚝之类；一种特制的盘子，边上围着七八个圆格子，每格放半个生蚝，吃起来很雅相。另一家，由斯敦路，也是个热闹地方。这家却小小的，通心细粉做得最好；将粉切成半分来长的小圈儿，用黄油煎熟了，平铺在盘儿里，洒上干酪（计司）粉，轻松鲜美，妙不可言。还有炸'搦气蚝'，鲜嫩清香，蛴蜅，瑶柱，都不能及；只有宁波的蛎黄仿佛近之。"朱自清还介绍了他常吃的三家便宜餐馆："拉衣恩司（Lyons）、快车奶房、ABC面包房。每家都开了许多店子，遍布市内外；ABC比较少些，也贵些，拉衣恩司最多。快车奶房炸小牛肉小牛肝和红烧鸭块都还可口；他们烧鸭块用木炭火，所以颇有中国风味。ABC炸牛肝也可吃，但火急肝老，总差点儿事；点心烤得却好，有几件比得上北平法国面包房。拉衣恩司似乎没甚么出色的东西；但他家有两处'角店'，都在闹市转角处，那里却有好吃的。角店一是上下两大间，一是三层三大间，都可容一千五百人左右；晚上有乐队奏乐。一进去只见黑压压地坐满了人，过道处窄得可以，但是气象颇为阔大（有个英国学生讥为'穷人的宫殿'，也许不错）；在那里往往找了半天站了半天才等着空位子。这三家所有的店子都用女侍者，只有两处角店里却用了些男侍者——男侍者工钱贵些。男女侍者都穿了黑制服，女的更戴上白帽子，分层招待客人。也只有在角店里才要给点小费（虽然门上标明'无小费'字样），别处这三家开的铺子里都不用给的。曾去过一处角店，烤鸡做得还入味；但是一只鸡腿就合中国一元五角，若吃鸡翅还要贵点儿。茶饭店有时备着骨牌等等，供客人消遣，可是向侍者要了玩的极少；客人多的地方，老是有人等位子，干脆就用不着备了。此外还有一种生蚝店，专吃生蚝，不便宜；一位房东太太告诉我说'不卫生'，但是吃的人也不见少。吃生蚝却不宜在夏天，所以英国人说月名中没有'R'（五六七八月），生蚝就不当令了。伦敦中国饭店也有七八家，贵贱差得很大，看地方去。菜虽也有些高低，可都是变相的广东味儿，远不如上海新雅好。在一家广东楼要过一碗鸡肉馄饨，合中国一元六角，也够贵了。"介绍完这些伦敦土著的和中国的馆子，朱自清再次介绍了茶饭店，并对店中的食物来历、做法和口感都做了细心的介绍："茶饭店里可以吃到一种甜烧饼（muffin）和窝儿饼（crumpet）。甜烧饼仿佛我们的火烧，但是没馅儿，软软的，略有甜味，好像掺了米粉做的。窝儿饼面上有好些小窝窝儿，像蜂房，比较地薄，也像掺了米粉。这两样大约都是法国来的；但甜烧饼来得早，至少二百年前就有了。厨师多住在祝来巷（Drury Lane），就是那著名的戏园子的地方；从前用盘子顶在头上卖，手里摇着铃子。那时节人家都爱吃，买了来，多多抹上黄油，在客厅或饭厅壁炉上烤得热辣辣的，让油都浸进去，一口咬下来，要不沾到两边口角上。这种偷闲的生活是很有意思的。但是后来的窝儿饼浸油更容易，更香，又不太厚，太软，有咬嚼些，样式也波俏；人们渐渐地喜欢它，就少买那甜烧饼了。一位女士看了这种光景，心下难过；便写信给《泰晤士报》，为甜烧饼抱不平。《泰晤士报》特地做了一篇小社论，劝人吃甜烧饼以存古风；但对于那位女士所说的窝儿饼的坏话，却宁愿存而不论，大约那论者也是爱吃窝儿饼的。"这段描写有点像周作人对于家乡的那些小吃的介绍，有点"食话"的语调。对于英国人的饮食习惯，朱自清还有进一步的观察："英国人每日下午四时半左右要喝一回茶，就着烤面包黄油。请茶会时，自然还有别的，如火腿夹面包，生豌豆苗夹面包，茶馒头（tea-scone）等等。他们很看重下午茶，几乎必不可少。又可乘此请客，比请晚饭简便省钱得多。英国人喜欢喝茶，过于喝咖啡，和法国人相反；他们也煮不好咖啡。喝的茶现在多半是印度茶；茶饭店里虽卖中国茶，但是主顾寥寥。不让利权外溢固然也有关系，可是不利于中国茶的宣传（如说制时不干净）和茶味太淡才是主要原因。印度茶色浓味苦，加上牛奶和糖正合适；中国红茶不够劲儿，可是香气好。奇怪的是茶饭店里卖的，色香味都淡得没影子。那样茶怎么会运出去，真莫名其妙。"朱自清对于中国茶的抱屈，是真实的，欧洲人对于中国茶的吃法，直到现在也完全是在胡闹，简单说，就跟中国低档旅馆里的纸包茶一样，粉末状的，这能喝出个什么感觉来？

关于在伦敦的饮食，朱自清在致陈竹隐的信里，也多次涉及，主要还是借吃食说肠胃问题，如在 1932 年 5 月 30 日的信中说："胃又捣起鬼来了。起初是吃一种卢巴果（深粉红，长形），是房东晚饭时当点心给我们的，味道甚好，但吃下去就闹肚子……胃是不好，但不见得比在国内时更不好，大抵此处早饭太重，晚饭也重之故。此地早饭吃厚麦粥、火腿蛋、烤面包，晚饭汤或鱼，牛羊肉，再加甜点心，本也可少吃，但又有舍不得；胃病大抵从'贪'得来，说来也大可笑，可知'割爱'真非平常人所能办到的。"

对于朱自清而言，吃，不仅是关乎口感和饱饿，还关乎肠胃，稍有不慎，就引起肠胃的不适。在 30 岁左右正当年轻的时候，出现肠胃问题，给朱自清的创作、研究、教学和日常生活造成了很多的麻烦，这多多少少影响了朱自清的创作和研究，特别是在西南联大及其后时期，肠胃问题经常一连几天地折磨他，乃至使他什么都不能干。

周游欧罗巴

　　朱自清是 1932 年 5 月 13 日晚上从伦敦到达巴黎的。14 日就开始了游览，在连续几天中，把巴黎的名胜景点、大小博物馆、著名的街道等都游了个遍，朱自清的游踪，在本书《巴黎印象》一章里，有较详细的介绍，这里需要补记一笔的是，朱自清曾在 1932 年 6 月 1 日那天晚上，去参观了六个卡巴莱餐馆。朱自清在当天的日记中说："晚上参观了六个卡巴莱餐馆，它们是：哈蒙非洲餐厅和巴思（咖啡馆），此处以黑人音乐著称；三侨咖啡馆以黑人摇摆舞出众；凯维安餐厅以古老的法国歌曲引人；红线餐馆有游乐设备和舞女；达巴林餐厅则是以跳裸体舞来吸引顾客；最后一家是里德饭店，我们在这里观赏音乐舞蹈等节目，听威尼斯小夜曲。观光到此结束。"关于卡巴莱，这里可略作介绍。这是在欧洲流传较久的一种歌厅音乐剧，通过演出人员现场气氛的调节，用歌曲与观众分享故事和感受，舞台也因地制宜，不需要去精心制作布景、灯光等特效，服装、道具也不复杂，表演更是简单、直接，用歌和舞中最纯粹的一面与观众互动、交流，是一种用音乐、舞蹈和观众进行情感表达的表演形式。

朱自清这次在巴黎二十多天，算是玩得尽兴了，直到1932年6月5日晚上，才离开巴黎到达比利时的布鲁塞尔，入住商业旅馆。

6月6日，朱自清参观了德维尔旅馆、正义宫、维尔兹博物馆和著名的喷泉与花边商店。又参观了皇家艺术博物馆，在那里，朱自清看到了许多鲁本斯和凡戴克的画，有一幅加丹的《巴克斯的胜利》，朱自清很喜欢。又去滑铁卢。这是著名的景点，距布鲁塞尔不远，这个不起眼的小镇之所以有名，是因为1815年的那场战役——在滑铁卢，拿破仑率领法国军队与英国、普鲁士联军展开一场激战，最终法军惨败。随后，拿破仑退位结束了其政治生涯。现在人们所说的滑铁卢，已经被赋予了另一层意义，即惨痛的失败。在朱自清游玩时的滑铁卢，是一个安静的小镇，朱自清在日记中用一句"滑铁卢战役纪念碑一带的景色很美"来赞美，接着又看了风景画博物馆，还觉得斯瓦内斯森林颇有情趣。在布鲁塞尔，朱自清可以说是精力充沛，不顾疲劳地又看了不少地方，当天的日记云："步行至塞恩奎特纳尔公园，观赏其中的大战纪念碑、风景优美的广场、雄伟的拱门和可爱的阿姆卜鲁西亚、玛利洛奈斯广场。我很喜欢后者，在广场中有个美丽的小男孩。还游览了皇家广场。"

6月7日，朱自清到达了荷兰的海牙，跟随着向导观光了市容。去看了骑士大厅、古老的监狱、茅里什依乌斯和米斯达哥博物馆。在茅里什依乌斯博物馆里，朱自清看到了许多名画，其中有一幅莫伦纳所作的《五种官能》，朱自清觉得此画很幽默。下午又参观了和平宫，内部很华丽，花园的布局也很幽美。朱自清在当天的日记中说："和平宫附近有许多新建筑物，其中公寓大厦可能是最好的，围栏、窗户和楼梯都很美丽，窗框的不同颜色与围栏、墙壁的色彩对比鲜明，相映成趣，给人以清新的感受。觉得法国别墅缺少的正是这种强有力的对比。"朱自清又去看了著名的斯文宁俄的海滩，认为那里风景如画，火车穿过的森林更是幽深而葱郁，是对游客一种莫大的抚慰。朱自清在散文《荷兰》里，对于在荷兰的旅行，感受很深："简直觉得是新秋的样子。淡淡的天色，寂寂的田野，火车走着，像没人理会一般。天尽头处偶尔看见一架半架风车，动也不动的，像向天揸开的铁手。在瑞士走，有时也是这样一劲儿的静；可是这儿的肃穆，瑞士却没有。瑞士大半是山道，窄狭的，弯曲的，这儿是一片广原，气象自然不同。火车渐渐走近城市，一溜房子看见了。红的黄的颜色，在那灰灰的背景上，越显得鲜明照眼。那尖屋顶原是三角形的底子，但左右两边近底处各折了一折，便多出两个角来；机灵里透着老实，像个小胖子，又像个小老头儿。"说到荷兰的房子，朱自清说："荷兰人有名地会盖房子。近代谈建筑，数一数二是荷兰人。快到罗特丹（Rotterdam）的时候，有一家工厂，房屋是新样子。房子分两截，近处一截是一道内曲线，两大排玻璃窗子反射着强弱不同的光。接连着的一截是比较平正些的八层楼，窗子也是横排的。'楼梯间'满用玻璃，外面既好看，上楼又明亮好走，比旧式阴森森的楼梯间，只在墙上开着小窗户的自然好多了。整排不断的横窗户也是现代建筑的特色；靠着钢骨水泥，才能这样办。这家工厂的横窗户有两个式样，窗宽墙窄是一式，墙宽窗窄又是一式。有人说这种墙和窗子像面包夹火腿；但哪是面包哪是火腿却弄不明白。又有人说这种房子仿佛满支在玻璃上，老教人疑心要倒塌似的。可是我只觉得一条条连接不断的横线都有大气力，足以支撑这座大屋子而有余，而且一眼看下去，痛快极了。"对于这种新式的建筑，朱自清的描写够详细的了，感慨也够深的了。而荷兰的绘画，朱自清也不吝赞美之词："荷兰人又有名地会画画。十七世纪的时候，荷兰脱离了西班牙的羁绊，渐渐地兴盛，小康的人家多起来了。他们衣食既足，自然想着些风雅的玩意儿。那些大幅的神话画宗教画，本来专供装饰宫殿小教堂之用。他们是新国，用不着这些。他们只要小幅头画着本地风光的。人像也好，风俗也好，景物也好，只要'荷兰的'就行。在这些画里，他们亲亲切切地看见自己。要求既多，供给当然跟着。那时画是上市的，和皮鞋与蔬菜一样，价钱也差不多。就中风俗画（Genre picture）最流行。直到现在，一提起荷兰画家，人总容易想起这种画。这种画的取材是极平凡的日常生活；而且限于室内，采的光往往是灰暗的。这种材料的生命在亲切有味或滑稽可喜。一个卖野味的铺子可以成为一幅画，一顿饭也可以成为一幅画。有些滑稽太过，便近乎低级趣味。譬如海牙毛利丘司（Mauritshuis）画院所藏的莫兰那（Molenaer）画的《五觉图》。《嗅觉》一幅，画一妇人捧着小孩，他正在拉屎。《触觉》一幅更奇，画一妇人坐着，一男人探手入她的衣底；妇人便举起一只鞋，要向他的头上打下去。这画院里的名画却真多。陀（Dou）的《年轻的管家妇》，琐琐屑屑地画出来，没有一些地方不熨帖。鲍特（Potter）的《牛》工极了，身上一个蝇子都没有放过，但是活极了，那牛简直要从墙上缓缓地走下来；布局也单纯得好。卫米尔（Vermeer）画他本乡代夫脱（Delft）的风景一幅，充分表现那静肃的味道。他是大风景画家，以善分光影和精于布局著名。风景画取材杂，要安排得停当是不容易的。荷兰画像，哈司（Hals）是大师。但他的好东西都在他故乡哈来姆（Haorlem），别处见不着。亚姆斯特丹的力克士博物院（Ryks

Museum）中有他一幅《俳优》，是一个弹着琵琶的人，神气颇足。这些都是十七世纪的画家。"读这段文字，就是在读一篇精美的画论。但是由于时间紧迫，朱自清于6月8日就离开了荷兰，去德国了，在日记中，朱自清因为错过去看大画家伦勃朗的故居和他的雕像而感到遗憾。

朱自清是6月9日早上抵达柏林的。朱自清和去其他欧洲城市一样，一到柏林，就参观种种宫殿和博物馆、大教堂，10日这天，非常巧的是，在柏林遇到了柳无忌夫妇，便结伴一起参观。在柏林的十几天中，朱自清参观了很多地方，仅从日记中看，他参观、游览的地方有：10日，去亚历山大广场，参观地下铁道中央站，晚上参观动物园；11日，去国家美术馆参观新展品，看了许多现代画和现代雕塑，去米格尔看DO-X型飞机；12日，参观国家美术馆的新画室；14日，参观国家图书馆的东方部分藏书；15日，参观新的和老的博物馆，佩加蒙博物馆，德国博物馆，小亚细亚博物馆，还来了个新体验，乘飞机游览了柏林上空，在幻想电影院看自然派运动的画展；16日，参观人文学第一博物馆，游动物园，看了蒂坦尼亚宫；17日，参观腓特烈大帝博物馆，又去汉斯法特兰特；18日，参观人文学第二博物馆；19日，去波茨坦，参观桑苏西宫、无忧宫、奈恩宫；21日，离开柏林，抵达德累斯顿。

关于柏林的各种博物馆，我在2010年的深秋也曾去参观过，并且写过一篇名为《柏林的博物馆岛》小文章，收在《在德意志阳台上》一书里，文中对柏林的博物馆岛，有这样的描述：

　　10月20日，在这次德国之行的日记上，我记录着"普鲁士王朝文化遗产基金会"主席帕金克博士给我们授课时说的一句话：世界上，没有哪一座城市，像柏林这样，把市中心最好的地块拿出来，建这么多出色的博物馆。

　　我相信这位具有绅士风度的学者的话，因为在之前的几天访问中，我们已经领略了柏林市中心的博物馆岛的风采。在奔流的施普雷河环绕的半岛上，坐落着老国家艺术画廊、柏林老博物馆、帕加马博物馆、柏林新博物馆、博德博物馆等世界著名的博物馆。

　　这些紧挨在一起的博物馆群，就像一串明珠，让柏林这座世界大都市既显得古老、沧桑、历史厚重，又清新、俊朗、熠熠生辉。在柏林的几天里，我们在各大博物馆之间奔波，先后参观了帕加马博物馆、老国家艺术画廊、柏林新博物馆，数次在柏林老博物馆和博德博物馆前或流连，或通行，在湿漉漉的河岸上，在翠绿的草坪边，博物馆灰色的墙壁和门前的廊柱、桥梁，都让人仿佛穿梭在历史的进程中，感受着人类一路走来的艰辛和辉煌。

还是在来柏林第一天（10月16日）的下午，天空暗淡，小雨淅沥，我们一行三十多人，在零度左右的低气温下，来到了博物馆岛上，准备参观帕加马博物馆。

　　帕加马博物馆是岛上最年轻的博物馆，始建于1909年，1930年建成，历时21年。帕加马博物馆的命名，出自名扬世界的帕加马祭坛（又叫宙斯祭坛）。帕加马祭坛位于现今的土耳其境内，建于公元前180—公元前160年，由当时的帕加马国王欧迈尼斯二世下令兴建的，用以纪念对高卢人战争的胜利。在漫长的历史进程中，整个祭坛遭受地震等自然灾害的毁坏，已经完全坍落，被深埋于地下多年。但是，这个号称世界七大奇迹之一的祭坛，一直被世人所关注，到了19世纪70年代，德国考古学家说这是个好东西，是人类历史的记忆，应该得到更好的保护和利用。当然，好东西应该放在该放的地方，由更专业的人来保管才行。这样，很牛气的德国人于1878年开始挖掘，历时8年，直到1886年，才将祭坛全部发掘出土，并打包装箱，整体运往柏林，量身打造了这所博物馆，将整个祭坛精心复原，藏于博物馆内。我们参观的那天正值德国人的周末，人很多，即便是细雨霏霏，寒风料峭，队伍也排得很长，从门厅，一直排到门前广场。趁导游刘晨洋先生去买票的时候，我仔细地观察了排队的人流，主体仍以当地人居多，也有少量的东方面孔，他们安静而从容，无论男女，无论老人和孩子，都有秩序地慢慢前行，没有喧哗，没有拥挤，甚至，大部分人都没有雨具，更有甚者，一边排队，一边阅读手里的读物，一张报纸，或一本书，细密的雨丝洒在纸页上，洒在衣物上，却真切地滋润着他们的心灵。我暗暗猜想，也许，德国人都有一种博物馆精神吧。

约四十分钟，终于拿到了票，存好衣服和包后，我们徐步进入博物馆，首先看到的是米利都集市门，这个两层高的建筑物，原是土耳其爱琴海沿岸城市米利都的集市大门，建于罗马皇帝哈德里安执政时期，于中世纪时，被地震毁坏，德国考古学家将其发掘运回柏林后，照原样于博物馆中重建。馆中所藏的另一个著名的大门是伊丝塔尔门，这是巴比伦古城的城门，我们队伍里的许多人都流连于此，拍照，欣赏，无不被宏伟的城门及城门上色彩鲜艳的壁画所震撼，《柏林博物馆岛》一书是这样介绍的："伊丝塔尔门饰有彩釉地砖，于尼布甲尼撒二世执政期间建成。墙上浮雕描绘的是巴比伦诸神：公牛象征风暴之神阿达德，龙代表的是巴比伦城的守护神马尔杜克。伊丝塔尔门得名于战争与爱情女神伊丝塔尔。"我们站在数千年前的神门下边，感受着它的气派和远古，还有什么比这样的艺术品让人惊叹的呢？在相机啪啪声中，我们既留下了永恒的瞬间，也回溯到历史的长河中……

10月19日下午，我们去老国家艺术画廊参观。老国家艺术画廊是博物馆岛上第三座馆，建成于1876年，陈列着19世纪与20世纪初期的绘画及雕塑精品。画廊建筑的外层，两边带有宽敞的阶梯，阶梯中间的平台上，是弗里德里希·威廉四世骑马铜像。画廊共有三层，大小展厅互为相连，回旋延伸，还有不少绘画大师的专门展厅。查那天的日记，有这样的描述："两个半小时的参观，受益匪浅，写实派、现代派、抽象派、古典主义、印象主义都有，许多名画可谓精美绝伦，人物情态逼真，风景亦是栩栩如生，极为生动。不过，那帧骑马铜像，和画廊整体风格似乎有些不太协调。"

10月21日上午，我们再次来到博物馆岛，这回是参观柏林新博物馆。所谓新博物馆是相对于1830年就开馆的老博物馆而言的。新博物馆开馆于1885年。导游老刘告诉我们，新博物馆在二战期间曾被严重炸毁，藏品即被转移。直到1997年，德国政府才开始翻修新博物馆，共花费2亿欧元，于2009年10月17日才建成并正式对外开放。开馆那天，德国总理默克尔也来观看了著名的埃及艳后。那天的日记是这样记录的："十时整，进入柏林新博物馆，门口的工作人员手持计数器计数。参观从一楼开始，文物摆放有其自己的特色，金银铜铁等小物器都放在玻璃柜里。树皮制作的古代书籍，也陈列玻璃柜中，那些天书一样的文字虽然不认识，看起来也舒服顺眼。石器、雕塑、大型木彩人像等立在显著的地方。在地下室中心地带，有几口庞大的石棺，棺壁都有雕饰物，棺盖更是人物的全身造像。著名的埃及艳后在二楼，她头戴桶状的冠帽，塑彩，模样端庄，面部轮廓如刀削般俊朗，眼睛可能是仿真的，可惜右眼丢失了。这里聚集的参观者较多，有三四个身着制服的保安，随时制止准备偷拍的游客。继续参观，在一块壁刻画上，有埃及艳后的完整造像，她端坐在凳子上，肩上和腿上各有一个婴儿，在她对面的男人，可能是她丈夫也未可知。有一幅彩色浮雕画特别精美，一对青年男女相互赠送礼物，可能反映的是爱情主题。三楼的展厅以墓穴为主，陈列着不少古人的骨骼，还有一具完整的尸骨陈列在简陋的石棺里。两个小时的参观是匆匆的，有意犹未尽感。在三楼的出口处，有一巨大的签名册，我也用汉字在上面签了名。"

其实，我们来柏林博物馆岛不仅是这三次参观，还有数次光顾。在柏林的七八天里，似乎每天都是围着博物馆岛在转。在参观柏林大教堂时，在参观马克思、恩格斯塑像时，在眺望柏林国家图书馆时，在老皇宫旧址凭吊时，都在博物馆岛上，甚至在去国会大厦参观，去犹太人纪念馆参观，也从柏林大教堂前的古桥上经过。而 10 月 22 日下午，我们在听施耐德先生讲授古建筑保护的有关知识时，课堂就设在柏林老博物馆前的广场上。那天同样是寒冷异常，阴雨绵绵。老先生被冻得够呛，清水鼻涕都流下来了。但他仍然站立在冰冷的广场上，手里拿着各种老建筑照片，给我们讲老皇宫，讲柏林老博物馆，他说柏林老博物馆代表的是德国典型古代美学思想的建筑，许多德国人都喜欢。

可惜由于时间紧张，我们没有进入老博物馆参观。而另一家博德博物馆，我们也因为内部整修而错过了参观的机会，可以说是稍有遗憾。但通过对另外三个博物馆的参观和德国朋友的讲解，我们对博林博物馆岛上的博物馆群的历史和馆藏物品，还是有了大致的了解。

那么，朱自清又是如何描写博物馆岛和岛上的博物馆的呢？他在散文《柏林》里写道："柏林重要的博物院集中在司勃来河中一个小洲上。这就叫作博物院洲。虽然叫作洲，因为周围陆地太多，河道几乎挤得没有了，加上十六道桥，走上去毫不觉得身在洲中。洲上总共七个博物院，六个是通连着的。最奇伟的是勃嘉蒙（Pergamon）与近东古迹两个。勃嘉蒙在小亚细亚，是希腊的重要城市，就是现在的贝加玛。柏林博物院因在那儿发掘，掘出一座大享殿，是祭大神宙斯用的。这座殿是二千二百年前造的，规模宏壮，雕刻精美。掘出的时候已经残破；经学者苦心研究，知道原来是什么样子，便照着修补起来，安放在一间特建的大屋子里。屋子之大，让人要怎么看这座殿都成。屋顶满是玻璃，让光从上面来，最均匀不过；墙是淡蓝色，衬出这座白石的殿越发有神儿。殿是方锁形，周围都是爱翁匿克式石柱，像是个廊子。当锁口的地方，是若干层的台阶儿。两头也有几层，上面各有殿基；殿基上，柱子下，便是那著名的'壁雕'。壁雕（Frieze）是希腊建筑里特别的装饰；在狭长的石条子上半深浅地雕刻着些故事，嵌在墙壁中间。这种壁雕颇有名作。如现存在不列颠博物院里的雅典巴昔农神殿的壁雕便是。这里的是一百三十二码长，有一部分已经移到殿对面的墙上去。所刻的故事是奥灵匹亚诸神与地之诸子巨人们的战争。其中人物精力饱满，历劫如生。另一间大屋里安放着罗马建筑的残迹。一是大三座门，上下两层，上层全为装饰用。两层各用六对哥林斯式的石柱，与门相间着，隔出略带曲折的廊子。上层三座门是实的，里面各安着一尊雕像，全体整齐秀美之至。一是小神殿。两样都在第二世纪的时候。"这里的"勃嘉蒙"现在通译作"帕加马"了。朱自清参观的时候，博物馆岛还没有受到二战炮火的轰炸，规模比现在还大，朱自清说是有七个。我们 2010 年参观的时候，只有五个，另两个博物馆据说还没有完全修复。

朱自清在柏林的游玩和会客，在散文《柏林》里还有多方面的呈现，他在形容柏林的街道时，是这样的："宽大，干净，伦敦巴黎都赶不上的；又因为不景气，来往的车辆也显得稀些。在这儿走路，尽可以从容自在地呼吸空气，不用张张望望躲躲闪闪。找路也顶容易，因为街道大概是纵横交切，少有'旁逸斜出'的。最大最阔的一条叫菩提树下，柏林大学，国家图书馆，新国家画院，国家歌剧院都在这条街上。东头接着博物院洲，大教堂，故宫；西边到著名的勃朗登堡门为止，长不到二里。过了那座门便是梯尔园，街道还是直伸下去——这一下可长了，三十七八里。勃朗登堡门和巴黎凯旋门一样，也是纪功的。建筑在十八世纪末年，有点仿雅典奈昔克里司门的式样。高六十六英尺，宽六十八码半；两边各有六根多力克式石柱子。顶上是站在驷马车里的胜利神像，雄伟庄严，表现出德意志国都的神采。那神像在一八零七年被拿破仑当作胜利品带走，但七年后便又让德国的队伍带回来了。"关于菩提树下大街和勃朗登堡门（今通译勃兰登堡门），我在《在德意志阳台上》也略有介绍："第一次去勃兰登堡门，正飘扬着冷寂的秋雨，天气异常寒冷……我穿着保暖的冬衣还不时地瑟瑟发抖。但勃兰登堡门不能不看。我跟着队伍，缩着脖子，从国会大厦一路急走，拐过一个弯，来到位于菩提树下大街和 6 月 17 日大街的交会处，看到的是一幢灰色的建筑，可能是过于切近或角度不同吧，并没感到勃兰登堡门有多么的宏伟、壮观，倒是几根粗大的廊柱，给人以沉实、厚重之感。我们一群人从不同的通道进入，然后，大家就从不同的角度拍照。"

朱自清在《柏林》一文中还提到了波次丹（今通译波茨坦），文中说："柏林西南有个波次丹（Potsdam），是佛来德列大帝的城。城外有个无愁园，园里有个无愁宫，便是大帝常住的地方。大帝迷法国，这座宫，这座园子都仿凡尔赛的样子。但规模小多了，神儿差远了。大帝和伏尔泰是好朋友，他请伏尔泰在宫里住过好些日子，那间屋便在宫西头。宫西边有一架大风车。据说大帝不喜欢那风车日夜转动的声音，派人跟那产主说要买它。出乎意外，产主愣不肯。大帝恼了，又派人去说，不卖便要拆。产主也恼了，说，他会拆，我会告他。大帝想不到乡下人这么倔强，大加赏识，那风车只好由它响了。因此现在便叫它做'历史的风车'。隔无愁宫没多少路，有一座新宫，里面有一间'贝厅'，墙上地上满嵌着美丽的贝壳和宝石，虽然奇诡，却以素雅胜。"说来有趣，近八十年后，我们去参观时，朱自清文中提到的那风车还在，故事也是同样的讲法。无愁宫如今也译作无忧宫了。我在《在德意志阳台上》一书中，关于无忧宫的一节里，开头有这样的话：

"无忧宫在德国的知名度很高，又离柏林不远，游客自然不少。我们去的那天，天气依然阴沉，虽然无雨，阳光也没有露出厚厚的云层。但是，在阴郁的天空下，无忧宫依然金碧辉煌，让人流连、迷恋。"

朱自清离开柏林到达德累斯顿是在 1932 年 6 月 21 日。朱自清在日记中说："参观德累斯顿博物馆，内有许多荷兰与意大利作品。库里莱蒂的威尼斯风景画结构相当复杂。博物馆后面有仙女出浴的塑像，共十四个，构思甚巧。"在 6 月 23 日致陈竹隐的信中，也说："看了博物院和女神出浴池，院中有拉斐尔圣母像，最著名，面相美妙温雅，论者以为女性之最美的表现。"

朱自清在《欧游杂记》里，把德累斯顿译作德瑞司登，有散文《德瑞司登》记其游踪，开头就说："德瑞司登（Dresden）在柏林东南，是静静的一座都市。欧洲人说这里有一种礼拜日的味道，因为他们的礼拜日是安息的日子，静不过。这里只有一条热闹的大街；在街上走尽可从从容容，斯斯文文的。街尽处便是易北河。河穿全市而过，弯了两回，所以望不尽。河上有五座桥，彼此隔得远远的，显出玲珑的样子。临河一带高地，叫做勃吕儿原。站在原上，易北河的风光便都到了眼里。这是一个阴天，不时地下着小雨；望过去清淡极了，水与天亮闪闪的，山只剩一些轮廓，人家的屋子和田地都黑黑儿的。有人称这个原为'欧洲的露台'，未免太过些，但是确也有些可赏玩的东西。从前有位著名的文人在这儿写信给他的未婚夫人，说他正从高岸上往下看，河上一处处的绿野与村落好像'绣在一张毯子上''河水刚掉转脸亲了德瑞司登一下，马上又溜开去'。这儿说的是第一个弯子。他还说'绕着的山好像花篮子，响蓝的天好像在意大利似的'。在晴天这大约是真的。"我在 2010 年的那次德国之行，恰巧也来到了德累斯顿，上午约十一时到达，一直到第二天一早才离开，有参观，还有公务活动，对德累斯顿的城市历史和二战中遭遇的大轰炸有了大略的了解。在当天的日记中，我写道："我们到达的时间还不到十一时，离吃饭时间还早，导游把我们带到夏宫附近的建筑群去参观，首先看到的是一个大池塘，一泓清水周围都是高大的树木，一群野鸭在池塘里慢悠悠地游动，很享受那里的静谧和安静，似乎对我们唐突的造访不以为然。穿过池塘边的树林，来到夏宫的门前广场。夏宫又叫茨温格皇宫，具有八百多年的历史，是历代萨克森王国家族的居住地。广场左侧是著名的森珀尔歌剧院，正门两侧的雕塑分别是德国两个大文豪歌德和席勒。我在两位文豪的塑像前留了影。歌剧院充分展现了文艺复兴时期的建筑风格，高大、气派、豪华。塔森贝尔格宫在皇宫的右侧，也是精美绝伦，气度非凡。广场正中是一帧勇士骑马塑像，我猜测，可能是茨温格一世吧。这帧塑像和柏林、汉堡的城市塑像风格一致，底座的四周都是精美的浮雕，人物众多，造型逼真，都在完整地讲述一个故事，有的大约和圣经有关，有的是讲述这个城市的历史。在广场上流连，呼吸，感受，对整个城市的历史、性格、气息有了大致的感知。而湖边森林里，有的大树出奇地古老，大约和皇宫的年代差不多，三个人都合抱不过来。林中、道边的落叶，正被环卫工人打扫成堆，有几个清洁工人在装车。这是我在德国二十多天第一次看到清扫落叶。据导游介绍，德累斯顿是德国最受欢迎的旅游城市之一，不仅有皇宫，歌剧院也特别多，五十多万人口的城市，有歌剧院三十六家，各种博物馆四十四个，包括历代大师画廊、绿色穹窿珍宝馆、德国卫生博物馆等。德累斯顿还是德国的音乐之都之一，每年都要举办德累斯顿音乐节。简单的参观之后，我们到成吉思汗中餐馆去吃饭。这家餐馆的老板是香港人，和柏林的成吉思汗中餐馆完全是两种不同的风格。"而对于朱自清所描述的"欧洲的露台"，现在都统称"欧洲的阳台"了，我那本在中国书籍出版社出版的《在德意志阳台上》，书名就是出自这里。关于"欧洲的阳台"，我在书中也有描述："所谓'欧洲的阳台'，就是在易北河岸边，一溜类似于中国城墙的建筑，'阳台'，就是'城墙'的墙顶。我们穿过一条摆放许多张咖啡桌椅的小街，登上了'欧洲的阳台'，眼前顿时一片开阔，易北河清澈明亮，像长长的飘带，向远方蜿蜒。河面上鸥鸟飞翔，对岸的风光带尽收眼底，许多建筑的屋顶掩映在森林中，若隐若现。'阳台'的建筑年代不得而知，长度有三四百米。我沿着'阳台'慢慢行走，移步换景般地感受着对岸的风光，居然也能看出不同的变化来……临河远眺，黄昏已经渐渐来临，各种式样的建筑呈现出别样的辉煌，名城的厚重亦如脚下的城垛。在我身后更是古朴而浪漫的美术学院，这是德累斯顿三家著名的艺术学院之一（另两个学院是音乐学院和舞蹈学院）。一位叫维莫尔的先生，给我们详尽介绍了三家艺术学院的风格，她们都是德国乃至欧洲著名的学府。"朱自清还参观了圣母大教堂，在《德瑞司登》一文中，朱自清称其为圣母堂。文中写道："大街东有圣母堂，也是著名的古迹。一七三六年十二月奥古斯都第二在这里举行过一回管风琴比赛会。与赛的，大音乐家巴赫（Bach）和一个法国人叫马降的。那时巴赫还未大大出名，马降心高气傲，自以为能手。比赛的前一天，巴赫从莱比锡来，看见管风琴好，不觉技痒，就坐下弹了一回。想不到马降在一旁窃听。这一听可够他受的。等不到第二天，他半夜里便溜出德瑞司登了。结果巴赫在奥古斯都第二和四千听众之前演了出独角戏。一八四三年乐圣瓦格纳也在这里演奏过他的名曲《使徒宴》。歌德也站在这里的讲台上说过话，他赞美易北河上的景致，就是在他眼前的。这在一八一三年八月。教堂上有一座高塔顶，远远地就瞧见。相传一七六九年弗雷德力大帝攻打此地，想着这高顶上必有敌人的瞭望台，下令开炮轰。也不知怎样,轰了三天还没轰着。大帝又恨又恼,透着满瞧不起的神儿回头命令炮手道:'由那老笨家伙去罢!'"朱自清参观和写这篇文章时,万万没有想到,十多年之后,这座举世闻名的圣母大教堂,就在二战的炮火中成为废墟。2010年我们参观的时候,圣母大教堂刚刚重建不久,墙上的石块新旧不一,我在《在德意志阳台上》里写道:"离'阳台'不远处的圣母大教堂,也沐浴在傍晚金色的阳光中。教堂在二战中被完全摧毁,只留下一段断壁残垣,几十年来一直是德累斯顿人心里的痛。直到两德统一后,有人号召要重建大教堂,得到了很多人的响应,全世界50多万人参与了捐献,其中包括英国等许多当年与德国交战国家的公民,通过十几年的募捐,总额超过了1亿欧元。在重建过程中,许多德累斯顿人捐出了自己收藏的教堂的石块,从1994年开始,施工部门用了十一年时间,按照最初的设计图纸并采用最新技术对教堂进行了原貌恢复,才使这座具有200多年历史的大教堂重新恢复昔日的风采。我们参观了圣母大教堂,登上了金碧辉煌的塔顶。在教堂前的小广场上,有一段保持原貌的墙基,算是对过去记忆的怀念。但是,恢复的大教堂能治愈战争留下的创伤吗?能抚平德累斯顿人内心的痛苦吗?也许若干年后,不同视角反映的'德累斯顿大轰炸',还会出现在多部影视剧中。"

　　1932年6月22日,朱自清到达了科隆,参观了科隆大教堂，珍宝馆中的塔，朱自清在日记中有"塔的正面造型极美"的评价，然后又参观了科隆博物馆。在 23 日致陈竹隐的信中，描写了到达科隆的感受："科隆有一教堂，系戈昔式，双尖塔高耸入云，近看雕镂工细，庄严精美兼而有之，所以著名于世。"我在《在德意志阳台上》一书里也写到了这座大教堂："那天，我们从一条小街口拐过来，第一眼见到科隆大教堂时，被小小地震撼了一下……但见整个建筑，在阴郁的天底下，被浓雾紧紧团绕着，直棱棱的塔楼像紧密的树丛相互簇拥，雾霭从教堂的腰部开始，越往上越浓密，塔尖若隐若现。朦胧中，刚刚遭遇一场小雨的墙壁上水汽很重，黑乎乎的墙壁透着岁月的沉重，也仿佛一路走过的历史都在水雾或烟雨中——对德国的历史我研究不深，对大教堂的历史也是浑然无知，但是对这个庞然大物的印象，就是这样的。"朱自清把科隆，译为"哥龙"，在散文《莱茵河》里，对于科隆大教堂，有这样一段文字："哥龙的大教堂是哥龙的荣耀；单凭这个，哥龙便不死了。这是戈昔式，是世界上最宏大的戈昔式教堂之一。建筑在一二四八年，到一八八零年才全部落成。欧洲教堂往往如此，大约总是钱不够之故。教堂门墙伟丽，尖拱和直棱，特意繁密，又雕了些小花，小动物，和《圣经》人物，零星点缀着；近前细看，其精工真令人惊叹。门墙上两尖塔，高五百十五英尺，直入云霄。戈昔式要的是高而灵巧，让灵魂容易上通于天。这也是月光里看好。淡蓝的天干干净净的，只有两条尖尖的影子映在上面；像是人天仅有的通路，又像是人类祈祷的一双胳膊。森严肃穆，不说一字，抵得千言万语。教堂里非常宽大，顶高一百六十英尺。大石柱一行行的，高的一百四十八英尺，低的也六十英尺，都可合抱；在里面走，就像在大森林里，和世界隔绝。尖塔可以上去，玲珑剔透，有凌云之势。塔下通回廊。廊中向下看教堂里，觉得别人小得可怜，自己高得可怪，真是颠倒梦想。"

1932年6月23日早上，朱自清从科隆乘船游莱茵河，在当天致陈竹隐的信中，朱自清说："莱茵（河）沿岸古迹最多，从哥伯伦以下，两岸皆中世纪古堡，令人悠然遐想，如谢安之登冶城。"在《莱茵河》一文中，描写更为详细："两岸山上布满了旧时的堡垒，高高下下的，错错落落的，斑斑驳驳的：有些已经残破，有些还完好无恙。这中间住过英雄，住过盗贼，或据险自豪，或纵横驰骋，也曾热闹过一番。现在却无精打采，任凭日晒风吹，一声儿不响。坐在轮船上两边看，那些古色古香各种各样的堡垒历历地从眼前过去；仿佛自己已经跳出了这个时代而在那些堡垒里过着无拘无束的日子。游这一段儿，火车却不如轮船；朝日不如残阳，晴天不如阴天，阴天不如月夜——月夜，再加上几点儿萤火，一闪一闪地在寻觅荒草里的幽灵似的。最好还得爬上山去，在堡垒内外徘徊徘徊。"

朱自清是于 1932 年 6 月 23 日晚上到达法兰克福的。第二天，和友人一起参观歌德故居和新区，还去逛了棕榈公园。我在 2010 年的那次德国之行，也在法兰克福待了两天，因为没有参与统一的旅行，也没有公务活动，大家自由活动，有人去附近的大卖场购物了，也有人去公园了，我只在宾馆附近转了转，逛了几家旧书店，其中一家印象特别深，我在《在德意志阳台上》里写道："这家旧书店的门面普通，面积却不小。书店里的书，和我国旧书店差不多，五花八门什么都有，新旧程度也不一样，有的旧得不像样子了，去头掉尾的，硬面壳发黄，书边卷页，却更显出书的品质和高贵；有的却有十品新，年代却是久远以前，让你想不出这些书的旧主人是如何保管的。翻着这些旧书，眼睛在字里行间游走，为的无非就是个情趣，心里面除了惬意和满足而外，还有一种和旧书主人交流的快乐。我拿了几册硬装的书，翻着，有的旧书的扉页上有原作者的签名，有的粘有藏书票，有的还有在书页的天头地脚写上密密麻麻的读后心得。书的定价是用铅笔写在扉页上的，三块、四块的都有，有一册大厚书，硬面精装，很华丽，售价也就十欧元……"

　　1932 年 6 月 25 日，朱自清到达瑞士的卢参，游览了狮子纪念碑、冰河公园、古城墙和瞭望塔，午后游里吉，又乘船去威茨南，并乘登山的火车上山，从火车上看山景，还看到了蔚蓝的湖泊。26 日继续乘火车在瑞士观光，因错过了看皮拉托斯山而感到遗憾，而卢塞斯和因特拉肯一带的美丽风光，又让他赞不绝口，火车终日盘桓于湖光山色及森林瀑布之间，让朱自清好好地领略了一番瑞士的山水美景。午后，火车抵达特拉肯。朱自清在当天的日记中说："天色阴沉，高山隐于云雾迷蒙中，因特拉肯为群山环绕，河水蓝得可爱。漫步在市内主要大街上。街道两旁木工场甚多。去库赛尔游览，那里有花钟和湖滨浴场。晚饭后在山脚下散步。我下榻的欧洲旅馆女店主使人感到亲切和聪明。"27日继续在瑞士游览，还登上了处女峰，朱自清在日记中写道："饱览雪山景色，然白茫茫外空无他物。山旁凿石而成的两个车站很美。我们乘登山车到山顶，因未戴墨镜，日光在白雪上的反射很刺眼。没有见到爱斯基摩猎狗。从另一条路下山返回因特拉肯，还能长时间地看到修道士山。"当天，朱自清启程去日内瓦，朱自清继续写道："（火车）在斯皮埃茨停留。这是个好地方。街道呈五级阶梯形，走在最高层，下面景物尽收眼底。下榻的旅馆有漂亮的阳台和屋顶花园。屋顶花园面对湖面，阳台则面对最高一层街道。在阳台上能听见街上人们的说话声。这真是个安静得出奇的城镇。"28日中午抵达蒙特勒，买了些巧克力，这才乘船到达日内瓦，并游览了日内瓦的城市风光。29日又在导游的指引下，参观了德维尔旅馆和国际联盟、历史博物馆等风景名胜，当天晚上，到达意大利米兰。

朱自清从 1932 年 6 月 29 日到达意大利米兰后，一直到 7 月 8 日登船返国，都是在意大利各地游览的。30 日早上，观光米兰大教堂和市容，接着，参观玛利亚大教堂和德拉格拉齐教堂，因急于订票而错过了参观画廊。当天晚上，朱自清到达了威尼斯。1932 年 7 月 1 日，朱自清参观了圣马库斯教堂和钟楼，还在楼顶眺望了威尼斯的城市景色，接着参观了杜卡尔宫和两年一度的国际艺术展览。2 日，朱自清参观了斯汤姆查宫、威尼斯学院和卡多罗，归途经里亚托桥，朱自清在当天的日记中说："这座桥很美，从远处望去尤佳。"3 日，在参观了现代画展和奥连特尔博物馆后，于午后抵达佛罗伦萨。在这天的日记中，朱自清说："访但丁故居、彼特拉克故居及其坟墓所在的教堂。但丁的《神曲》是在这个教堂里写的。还去看了一座桥，据说但丁与其情人曾在这座桥上相会。"4 日继续在佛罗伦萨游览，晚到达罗马。5 日随美国捷运公司组织的游览团一起观光。6 日去参观圣彼得教堂、万神殿和古罗马圆形大剧场，然后动身去那不勒斯。7 日参观国家博物馆，又参观庞贝古城，还看到了正在冒烟的维苏威火山。在欧洲旅行期间，朱自清和学生兼好友柳无忌夫妇几次分手又几次邂逅，实乃缘分使然。7 日晚上，朱自清动身去布林迪西。8 日，在布林迪西游览后，登上了回国的康蒂·罗莎邮船。朱自清在意大利的旅行，在其散文《威尼斯》《佛罗伦司》《罗马》《滂卑故城》等散文中都有详尽的描写。

回国途中和朱偰联句赋诗

朱自清在康蒂·罗莎邮船上住 1 号舱第 542 号。

1932 年 7 月 9 日，邮船在地中海航行，风平浪静。关于远程邮船上的生活，我没有体验过，只在二十多年前乘过南京至武汉的船，还乘过连云港至大连的客货混装船，这些船和超大邮轮是不能比的。关于这种超大且远程的邮船，只从电影《泰坦尼克号》和小说《围城》里略知一二。朱自清回国的时间，比《围城》里描写的虽然略早了几年，但也属于同一个时代，航行路线和船上生活的大致情形应该差不多，想象或参照一下也蛮有意思。

经过一天一夜的航行，朱自清的船于 1932 年 7 月 10 日夜间到达塞得港。塞得港位于埃及苏伊士运河北端地中海海岸，是个规模不大的海港小城，朱自清跟随一辆小汽车上岸，略观市容，并买了些埃及的编织物和香烟。到了 11 日白天，同船的罗先生赠朱自清一些土耳其小吃。在船上无聊，除看书外，吃吃零食倒不失为消磨时间的好办法。船在苏伊士运河通过时，因错过一些好景色而让朱自清感到遗憾，本来朱自清还计划游览开罗及其附近的金字塔和狮身人面像，但因船不停靠而未能如愿。在慢慢适应船上的生活后，朱自清开始写作这次欧洲之行的游记散文，先从刚刚游览的意大利写起，第一篇即是《威尼斯》，花了两天时间，到了 13 日，船行红海上时，文章告竣。15 日，船行驶到阿拉伯海，16 日在阿拉伯海遇到大浪。又经过几天的行驶，于 19 日到达印度的孟买。朱自清在当天的日记中写道："船到孟买。乘车经过印度的大门口查拉巴（即海口），到马拉巴尔山庄（住宅区）。在山庄的阳台上可以俯瞰孟买全景，哈金花园、圆寂塔和亨利路（主要街道）历历在目。圆寂塔是印度教徒天葬地点。天葬是这里的风俗，人死后把遗体放在塔顶，一些特别的鸟飞聚塔顶啄食尸体，若在十分钟内吃光，则被认为是死者的幸运。"朱自清在孟买稍事休整后继续登船，于 21 日又在科伦坡上岸，科伦坡是斯里兰卡的沿海城市，时间虽然紧迫，朱自清也没有忘记游览市容和博物馆，他在日记中写道："在科伦坡，乘车经佩塔印度教寺庙、新那蒙花园（住宅区）、维多利亚公园、朋加罗斯博物馆，以及凯伦尼亚和迪希瓦拉的佛教寺庙等等。庙里有佛陀的雕像和他生前的住

1932年7月朱自清（左二）在从欧洲回国的邮船上

处，还有不少描绘他生活的壁画。这些寺庙都很有趣，而且都是新建的。"重新登船后，再连续行驶几天，于25日到达新加坡，新加坡华人多。朱自清在日记中说："到新加坡，王兴齐先生前来迎接我们。我们一起参观博物馆、植物园、中国学校和水库等。水库周围景色很美。"此后的行驶，就进入中国的南海了。船上回国的中国留学生都知道朱自清等人，要举行欢迎会，朱自清在27日日记中说："下午中国学生举行欢迎会，盛情出乎意料。我应邀作简短讲话，自己认为毫无准备，讲的都是废话。"28日这天，出了点小纠纷，朱自清在日记中说："中国学校的学生们准备在午后照相，但负责人准备不周，在布告中未说明船长要来与我们合影，有人对此提出指责，这时摄影师与一部分人发生了冲突，一些人气愤地走开了，我也磨磨蹭蹭地跟着走了。但我觉得这种做法不妥。"29 日到达香港时，朱自清继续上岸，游览香港市容，还乘电缆车登山观光。30 日，在从香港到上海的行程中，朱自清和同船的朱偰很有雅兴地开始了联句作诗，当天的日记云："与朱偰君一同赋诗，朱得句敏于我。"

朱自清和朱偰联句的《归航即景与朱偰联句》和《长歌威尼斯行与朱偰联句》，朱自清在编旧体诗集《敝帚集》和《犹贤博弈斋诗钞》时，都没有收入，也许他是忘记了这两首联句，特别是《长歌威尼斯行与朱偰联句》，朱自清在日记里都没有说（也许是同一天所写）。其实，早在 1933 年 5 月出版的朱偰所著的《行云流水》一书中，就收入了这两首诗，该书由钟山书局出版发行。关于《归航即景》这首诗，朱偰在书中说："归航舟中多暇，旅次香港之日，百感横生，成诗一首。"而另一首《长歌威尼斯行》，大约是二人都曾游览过威尼斯，有相同的感受，才联句而成的，朱偰在书中说："附归航杂咏之一威尼斯一首，系与佩弦朱自清君联句。"

《归航即景与朱偰联句》诗云：

回航逾万里^偰，倏忽已兼旬。

东西亘大海^清，浩浩浑无垠。

风雨连朝夕^俣，飘摇东海滨。

江山识故国^清，行旅话苦辛。

忆发威尼斯^俣，晴波正粼粼。

悠悠地中海^清，长天无纤尘。

自古钟灵秀^俣，文质何彬彬^清？

希腊与罗马，战艇似云屯，

纵横四海外^俣，霸业竟长泯^清。

波赛故寥落，今居要路津^俣。

奇香淡芭菰，美味突厥珍^清。

浩浩苏彝士，商舶往来频，

山崩壮士死，方可通航轮^俣。

红海连沙漠，酷热无与伦，

三朝过亚丁，清风始更新^清。

漫漫印度洋，滔天浪似银^俣。

同舟畏风涛，辗转心逡巡^清。

孟买号大埠，市肆似比鳞。

锡兰古名都，今日何沉沦^俣。

星洲界西东，欧亚道路均，

居民来闽粤，情貌滋可亲^清。

香港本吾土，豪夺任强邻，

陷来百馀载，仇恨犹未伸。

游子去故国，匆匆历数春，

千里赋归来，感慨难俱陈^傀。

遥望旧山川，岩壑良嶙峋，

奈何不自竞，宰割由他人^清！

横流被中原，万姓号饥贫。

烟尘警东北，寇氛炽粤闽。

所望炎黄裔，三户必亡秦。

风雨忽如晦，似助我悲呻，

瞻望云海外，不觉涕沾巾^傀！

《长歌威尼斯行与朱傀联句》诗云：

去国忽已久^傀，浩然思东归；

南欧佳丽地^清，文物生光辉。

乘日作胜游^傀，软尘沾素衣；

登山寻旧墟^清，临流送馀晖。

中夜威尼市，小艇来三四；

载客河上行^傀，灯火昏如醉。

忆昔全盛日^清，声名四海被；

轴舻转万邦^傀，甲第连云起。

繁华久萧索^清，俯仰空陈迹；

咿哑橹声迟^偰，处处王侯宅^清。

巍巍圣玛珂，辉煌缀金碧^偰。

法相现庄严，钟鼓闻朝夕^清。

铜马来东土，赫赫扬威武。

沧桑已迭陈，盛衰自有主^偰！

钟楼干云霄，登临望四宇；

岛屿锦绣铺，市廛繁星聚^清。

方场居中央，列柱遥相望；

宿昔擅富贵，佩玉鸣铿锵^偰。

公宫临大河，名画何琳琅？

轮奂美无比，巍然鲁灵光^清。

太息名飞桥，悲风尚飀飀。

楚囚昔对泣，长恐不终朝^偰。

咫尺欢愁异，夜曲良妖娆。

红灯映碧水，微风扬轻绡^清。

南潮多旖旎，遗风未尽澌。

楼台尚绮靡，寺宇竞威仪^偰。

玻璃与鞣革，玲珑呈巧思。

徘徊不能去^清，缅古令神驰^偰！

朱自清没有把这二首联句编入个人诗集的另一种可能是，并非他忘了这二首诗，而是认为不过是和别人的联句而已。另外，也不排除他在当时联句时，没有记录诗稿，后来又没有和朱偰取得联系而作罢。朱偰出生于 1907 年，是著名历史学家朱希祖的长子，1923 年考入北京大学预科读书，1929 年北大毕业后赴德国柏林大学攻读经济学，兼修历史和哲学，1932 年获经济学博士学位后回国，和朱自清正好在同一条船上。朱偰在北大读书期间，朱自清已经是清华的名教授了，对于这位校友学长，朱偰一定是非常了解的。这次和朱自清的同船之谊，并能一起联句赋诗，给寂寞的海行增添了不少乐趣。而朱自清所说的 27 日很受学生欢迎的那场欢迎会的人群里，有可能就有朱偰的身影，也有可能是这时候，二人才认识的。

回到上海

　　1932年7月31日,经过二十多天的海上航行,朱自清到达上海。

　　朱自清于1931年8月22日从北京启程,到顺利抵达上海,历时近一年。去时路线是绕亚欧大陆铁路线,回时是乘船经大西洋、地中海、红海、阿拉伯海、印度洋、南海,走了个"O"字形。朱自清在当天的日记中说:"到上海。遇王礼锡、楚玉、胡秋原、秦、强、卢。王夫人为我设宴。后来林先生也为我举办盛大宴会。"

　　朱自清在上海的朋友很多,码头迎接的人群里有王礼锡和胡秋原,这似乎出乎朱自清的预料,因此日记中表述也有意思,用一个"遇"字,带有偶然的意思。为什么有他俩呢?王礼锡出生于1901年,1917年秋考入江西省第七师范学校读书,五四运动后,积极投入学生爱国运动,是个年轻的社会活动家。1922年初,王礼锡因领导学生运动而被第七师范开除。后由同乡李松风介绍转入抚州三师，毕业后考入南昌心远大学，得到国学名师汪辟疆的指点，钻研宋诗，潜心于历代诗家诗作的研究。此后还在武汉创办农民讲习所。1929年开始写诗，结集为《市声草》出版，1930年去日本，并在日本筹办《读书杂志》，1931年回到上海，继续主编《读书杂志》，与诗人陆晶清结成伉俪。胡秋原比王礼锡还年轻，出生于1910年，15岁考入国立武昌大学学习理工，主编《武汉评论》，1928年又入上海复旦大学学习文学。1929年，赴日本早稻田大学学习政治经济学，后经熊十力、蔡元培等荐助，获得湖北省官费补助。胡秋原在上海就和王礼锡认识并协助王筹办《读书杂志》，1931年，日寇发动九一八事变占领我东三省后，胡秋原毅然放弃学业，以文学做刀枪力主抗日，同时任上海大学教授。同年底，胡秋原主编《文化评论》，在创刊号上发表《阿狗文艺论》一文，宣称"文学艺术至死又是自由的、民主的独立"的主张，又发表《勿侵入文艺》《钱杏邨理论之清算与民族文学学术之批评》等论点尖锐的文章，从而引发了鲁迅、瞿秋白、冯雪峰等左翼作家对他的批判，双方展开了激烈的论战，胡秋原也因此成为文坛赫赫有名的"第三种人"。

朱自清日记中所说的"王夫人为我设宴"中的王夫人，应该就是王礼锡的爱人陆晶清了。

陆晶清不算无名小辈，虽然出生于1907年，却早早就涉足新文学创作，1922 年秋，还在北京女子师范大学读书时，就开始在《晨报副刊》《文学旬刊》《语丝》等新文艺作家把控的阵地上发表新诗，还主编《蔷薇周刊》，和许广平等人一样，参加过女师大风潮，在三一八惨案中受伤，此时正协助丈夫王礼锡编辑《读书杂志》。而胡秋原和朱自清在一年前就已经认识了，朱自清出国赴欧洲送行的人群里，就有胡秋原。而朱自清在出国后的几次和陈竹隐的通信中，也提到过这位青年，并且还关心过他的恋爱问题，如朱自清在 1931 年 8 月 23 日致陈竹隐的信中说："胡先生几时走？也极念。"当时的胡秋原，在送朱自清出国时已经决定要南下上海了。在 1931 年 9 月 11 日致陈竹隐的信中朱自清又说："胡秋原先生现在何处，他的恋爱事已成就否？极念！"看来，胡秋原当时在北京，是和恋爱有关的，并且他的恋爱对象很可能和陈竹隐相熟。所以才在朱自清出国和回来时都有他的身影。至此，王礼锡和胡秋原来码头迎接朱自清并设宴招待的目的，大致有二，一是本身就和朱自清、陈竹隐相熟，二是二位都有刊物在手，顺便来向朱自清拉稿，以壮声威。不过朱自清后来也没有在他们主办的杂志上发表过文章。倒是朱自清和陈竹隐在上海办完婚礼，去普陀度蜜月后回上海时，看到王礼锡为他们拍摄的婚纱照，朱自清在日记中用"余影甚尴尬"来形容。朱自清还在到达上海的当天，去看望了生病的胡秋原。

其实，梳理一下朱自清和王礼锡、胡秋原的关系，并不复杂——这还要从王礼锡的夫人陆晶清说起。胡秋原在日本，因《读书杂志》事而经常和王礼锡、陆晶清夫妇见面，陆晶清看胡秋原年轻、精干，文采飞扬，就要帮他介绍女朋友，正好她当年女师大的小学妹敬幼如在二人分别时有此之托，便介绍他俩认识。此时敬幼如还在北平女师大读书。陆晶清就把胡秋原的照片并附一封信寄给了敬幼如。此后敬幼如给胡秋原回复时，也寄了两张照片来。由于媒人都是双方信得过的新派女作家，照片互看又都满意，两人在书信往来中便确定了恋爱关系。敬幼如原籍浙江山阴人，因先祖游宦四川，便在成都定居。敬幼如的父亲曾任民国县长，幼如是其最小的女儿，在成都读过小学，成绩一直很优秀。1926 年敬幼如在重庆四川省立二女师毕业后来北平，考入国立女师大预科读书，和该校的成都籍学姐学妹结拜干姐妹，其中国画系的陈竹隐为老大，廖书筠为老二，三姐江炜，四姐凌楚荃，五姐青胜蓝，敬幼如排行老六，七妹罗汝仪。1931 年 6 月，胡秋原学期结束后，专程从日本回北平看望敬幼如。当时陈竹隐和敬幼如等几个姐妹，合租中南海里的一幢小楼，朱自清常去中南海找陈竹隐，就结识了回国探望敬幼如的胡秋原了。不久，朱自清出国游学，在送行的人群中，就有敬幼如和胡秋原，即朱自清在日记中所说的"敬六妹"。这次朱自清回国到达上海，又恰好胡秋原和敬幼如在王礼锡和陆晶清的主持下刚刚于 7 月 15 日举行了婚礼，所以，才有在码头上"遇"到胡秋原、王礼锡等人。此时的王礼锡和陆晶清的事业正处在巅峰，由陆晶清出面招待，也就很正常了。

朱自清在日记中所说的"后来林先生也为我举办盛大宴会"的林先生，即林语堂。

还是在英国期间，朱自清去林语堂下榻的宾馆看望了林语堂并听了其讲述发明的中文打字机后，又于 1932 年 2 月 27 日在伦敦的上海楼和北大校友聚会时，听了林语堂的一场演讲，林语堂演讲的题目是《中国文化的时代精神》，随后还和大家进行了一场热烈讨论，和林语堂再次进行了密切的交流。在伦敦期间，朱自清和林语堂一共有过三四次见面交流，互相印象都不错。林语堂比朱自清先回到上海，由他举办一场"盛大宴会"，也符合林语堂的做派。

热热闹闹的欢迎活动结束以后，朱自清便和陈竹隐一起商量婚礼诸事了。1932 年 8 月 1 日早上，朱自清在日记中只记简单的一笔："早在六妹处。"陈竹隐有结拜十姐妹，陈竹隐是老大，六妹即陈竹隐的结拜六妹。大概一上午都在商量婚礼的各项程序吧。下午，朱自清这才有时间访问在上海的老朋友，他先到了开明书店，拜访了叶圣陶。叶圣陶派夫人去请王伯强等人，然后朱自清和叶圣陶、方光焘、王伯强等人一起谈天说地。王伯强的日记里，有关这次会晤有较详细的记录，谈话一直到下午六时。又和叶圣陶、宋云彬等人一起陪朱自清到福州路杏花楼订了婚宴，还在望平街一带接恰印了接婚请柬，然后才到"味雅小饮，至九时乃散。散后复过佩弦旅社谈，至十一时始归"。2日又是繁忙的一天，早上还是先到六妹处，大约把昨天订宴和印请柬诸事向六妹做了说明，毕竟她是代表陈竹隐的娘家人的。胡秋原也来了，大约帮了不少的忙，朱自清在日记中用"秋原的勤劬，可佩之至"来表述。下午又至开明书店，见圣陶夫人，请她一起发出请柬。又访叶圣陶、方光焘、王伯强和章锡琛诸友，请他们晚上在功德林吃饭。3日，在方光焘夫妇的陪同下，去江湾立达学园，访匡互生、丰子恺、刘薰宇等原白马湖畔春晖中学的老友，朱自清在当天的日记中说："沿途观战迹。方云现已渐恢复，无甚凄凉景象矣。"

1932年8月4日这天，是朱自清和陈竹隐举行婚礼的日子，他们举行了一场新式的婚礼。一大早，朱自清从所住宾馆，迁到大中华旅馆，先托运三件行李至北京，然后接待了赶来参加婚礼的陈竹隐的结拜三妹，晚上在杏花楼酒店举行了一场简朴而热闹的婚礼。我在《清华园里尽朝晖》一书中有过这样的描述："婚礼是新式的，简朴而热闹。陈竹隐说：'那时北京结婚还要坐花车，穿披纱礼服，礼节很多，而上海比较开明，于是我们就决定在上海结婚。我们用当时上海最新式的简便方法举行了结婚典礼：事先发个结婚帖子。八月四日那天，请了文艺界的一些人士，我记得有茅盾、叶圣陶、丰子恺等人，在一个广东饭馆聚会了一次。'(《追忆朱自清》)王伯祥也在日记里说：'下午强起……六时与谷人偕圣陶夫妇同赴佩弦喜筵，遇互生、惠群、克标、载良、承法、薰宇、熙先等，即同席。余则雪村自南京赶来，延陵自杭州赶来，亦俱足记，他多不识，且女宾多，大概陈氏戚友云。宾客劝酒甚殷，佩弦竟大醉狂吐，幸扶旅社后即安。'从王伯祥的记叙中，可以看出婚礼的热烈，陈竹隐的'戚友'很多，大家频频劝酒，以至于把新郎都喝醉了。"

婚礼结束后，朱自清和陈竹隐在上海逗留了两天，于1932年8月6日乘船去普陀度蜜月。7日早上到达普陀，住在白象庵。朱自清在日记中说："庵新而小，设备殊不完善，但招待尚佳耳。"这天，朱自清和陈竹隐还下海游泳。在普陀的十天中，朱自清和陈竹隐基本上把岛上的风光游了个遍。9日，朱自清和陈竹隐游了后寺、佛山顶、天灯茅篷、古佛洞、梵音洞、仙人井等，朱自清在当天的日记中说："后寺甚清幽。遇杜朝馥君。天灯可见普陀全景，亦佳，梵音洞沿路见海极旷达之致，洞亦有意思。寺中有康有为诗。"朱自清还在日记中录了该诗：

汪汪极目浪无边，
东望蓬莱入梵天。

裂石十寻听潮入，

化身现相各随缘。

　　11 日，朱自清和陈竹隐又游紫竹林、观音跳、天福庵等处。12 日游盘陀石、二龟听法石、大佛顶、观音洞、普慧庵等，在观音洞还遇到周昌寿及其夫人等人，寒暄过后，朱自清和陈竹隐又游杨枝庵、朝阳洞，还取了仙人井的水。晚上，朱自清还访问了周昌寿等人于普慧庵。周昌寿在朱自清面前是个老资格的学者和编辑家了，他生于 1888 年，比朱自清大 10 岁，长期在商务印书馆任编辑，以翻译和编辑物理学著作而出名，1932 年该馆编译所改为编审部，他任编审。郭沫若在记述 1923 年初由日本回上海的回忆录中曾说到周昌寿，称他和郑贞文等人是商务印书馆"实际上已经是不可缺少的中坚人物"。(《郭沫若文集》第 7 卷，作家出版社) 在那一时期商务印书馆出版的《万有文库》《大学丛书》两个系列中，周昌寿不仅在其中撰写了诸如《以太》《宇宙论》《天体物理学》《飞机》以及《法拉第传》《罗伦彻及蒲郎克传》等一批科普作品，影响了几代年轻人的智力成长，而且这两套在中国近代史上颇具影响力的丛书，在其拟题、组稿、审定和编辑方面，也都凝聚了周昌寿的一份心血。所以，朱自清特别尊重他，在日记中称他为先生。第二天，即 12 日，让朱自清感到意外的是，周昌寿和夫人一起请朱自清和陈竹隐吃了饭。朱自清在当天的日记中说："周先生、周夫人约午饭，傅夫人宜调，周夫人之女及侄女，极文雅可爱。"

一直到 8 月 16 日，朱自清和陈竹隐才回到上海。

朱自清的这次欧洲休假游学，从北京出发时，送行的人群中有未婚妻陈竹隐，回上海时，迎接的人群里同样有陈竹隐，然后朱自清和陈竹隐在上海举行了婚礼。至此，朱自清不但圆满完成了这次休假游学，也圆满完成了自己的婚姻大事。

附　录

关于《欧游杂记》

　　《欧游杂记》是朱自清在欧洲旅行后写作的一本游记。和
《欧游杂记》一脉相承的，还有《伦敦杂记》。这两本书的写作
和出版，和叶圣陶有关。身在上海开明书店的叶圣陶，知道
好友要出国考察，便相约朱自清把外国的见闻写成游记，并在
《中学生》杂志上发表。后来叶圣陶又陆续把发表的文章编辑出
版了单行本。

　　关于这两本书，朱自清的学生曹聚仁评价极高："今年春
间，我选了这两种书和欧文的《见闻新记》作为新闻文艺的教
本，同学们的想法，我不知道；我自己则把朱先生的，代表着
洗炼的一路，欧文的代表缜密的一路。罗马是不容易写的，珠
玉在前，轻易不敢着笔；然而朱先生却以淡淡之笔，出人头地
了。……尤其是写贝加尔湖那一段。用他写的一篇论画的散文

来说（题目：《逼真与如画》），一面可说是'逼真'，一面又可说'如画'呢！"（《哭朱自清先生——其作品、风格与性格》，曹聚仁）

关于这本书的写作，起手最早的一篇是收在书中的附录部分，即《西行通讯》，该篇分为两次，以给叶圣陶写信的形式创作而成。1931年10月8日，散文《西行通讯（一）》写毕，该散文开笔于1931年8月31日西伯利亚的列车中，断断续续才写作完成，发表于1932年1月1日《中学生》第21号上。1931年11月15日，《西行通讯（二）》写作完毕，发表于1932年2月1日《中学生》第22号上。《欧游杂记》里的其他文章，都是在回国途中或回国后写作的。1932年7月13日，在回国的邮船上创作散文《威尼斯》，费时两天，在12日日记中，朱自清写道："开始写旅途见闻，写威尼斯，进展甚慢。"该文发表于本年9月1日出版的《中学生》第27号上。本期上，还发表了《欧游杂记》中的另一篇《佛罗伦司》。《佛罗伦司》的写作，应该是在1932年8月初和陈竹隐蜜月旅行中的普陀之行中。朱自清在普陀每天都写日记，唯独8日、10日两天没有写，猜想他在这两天就是在写作这篇《佛罗伦司》，这应该是在回到上海时，和叶圣陶约好的要赶在9月1日出版的《中学生》杂志上刊出。据陈竹隐在《追忆朱自清》一文中回忆："我们度蜜月时，他带着旅途回来的疲倦，就开始了紧张的写作生活。

为了他能安安静静地写，我们特意住在普陀一个小寺院里。"所以，这篇《佛罗伦司》确实写于普陀的一个小寺院里，这个小寺院，就是朱自清日记中所说的白象庵。1932年10月1日，在《中学生》第28号上发表《罗马》《滂卑故城》。本年10月17日，创作散文《欧游杂记——瑞士》，发表在本年11月1日出版的《中学生》第29号上，收入《欧游杂记》时，删掉了主标题。本年11月17日，创作散文《欧游杂记——荷兰》，发表在本年12月1日出版的《中学生》第30号上，收入《欧游杂记》时，删掉了主标题。1932年12月19日，朱自清日记曰："晚动手写《柏林游记》。"至22日才写成。发表于1933年2月1日《中学生》杂志第32号上，收入《欧游杂记》时改篇名为《柏林》。1933年3月13日、14日两天，朱自清分别创作了《德瑞司登》《莱茵河》，发表于当年5月1日出版的《中学生》第25号上。本年6月16日，朱自清日记云："下午作《巴黎游记》。"至30日，朱自清日记云："《巴黎游记》成。"共用了十五天时间，这篇字数也最长。至此，《欧游杂志》中的十篇游记全部写成并发表，这时，距朱自清从欧洲回来已经约有一年时间。最后一篇《巴黎游记》发表在本年9月1日出版的《中学生》第37号上，发表时改名为《巴黎》。

到1934年4月，朱自清在陆续写作了欧洲旅行的文章后，写成了《欧游杂记》的序，他在序里说：

这本小书是二十一年五月六月的游踪。这两个月走了五国，十二个地方。巴黎待了三礼拜，柏林两礼拜，别处没有待过三天以上；不用说都只是走马看花罢了。其中佛罗伦司，罗马两处，因为赶船，慌慌张张，多半坐在美国运通公司的大汽车里看的。大汽车转弯抹角，绕得你昏头昏脑，辨不出方向；虽然晚上可以回旅馆细细查看地图，但已经隔了一层，不像自己慢慢摸索或跟着朋友们走那么亲切有味了。滂卑故城也是匆忙里让一个俗透了的引导人领着胡乱走了一下午。巴黎看得比较细，一来日子多，二来朋友多；但是卢佛宫去了三回，还只看了一犄角。在外国游览，最运气有熟朋友乐意陪着你；不然，带着一张适用的地图一本适用的指南，不计较时日，也不难找到些古迹名胜。而这样费了一番气力，走过的地方便不会忘记，也不会张冠李戴——若能到一国说一国的话，那自然更好。

　　自己只能听英国话，一到大陆上，便不行了。在巴黎的时候，朋友来信开玩笑，说我"目游巴黎"；其实这儿所记的五国都只算是"目游"罢了。加上日子短，平时对于欧洲的情形又不熟习，实在不配说话。而居然还写出这本小书者，起初是回国时船中无事，聊以消磨时光，后来却只是"一不做，二不休"而已。所说的不外美术风景古迹，因为只有这些才能"目游"也。游览时离不了指南，记述时还是离不了；书中历史事迹以及尺寸道里都从指南抄出。用的并不是大大有名的裴歹克指南，走马看花是用不着那么好的书的。我所依靠的不过克罗凯（Crockett）夫妇合著的《袖珍欧洲指南》，瓦德洛克书铺（Ward, Lock & Co.）的《巴黎指南》，德莱司登的官印指南三种。此外在记述时也用了雷那西的美术史（Reinach: Apollo）和何姆司的《艺术轨范》（C. J. Holmes: A Grammar of the Arts）做参考。但自己对于欧洲美术风景古迹既然外行，无论怎样谨慎，陋见谬见，怕是难免的。

本书绝无胜义，却也不算指南的译本；用意是在写些游记给中学生看。在中学教过五年书，这便算是小小的礼物吧。书中各篇以记述景物为主，极少说到自己的地方。这是有意避免的：一则自己外行，何必放言高论；二则这个时代，"身边琐事"说来到底无谓。但这么着又怕干枯板滞——只好由它去吧。记述时可也费了一些心在文字上：觉得"是"字句，"有"字句，"在"字句安排最难。显示景物间的关系，短不了这三样句法；可是老用这一套，谁耐烦！再说这三种句子都显示静态，也够沉闷的。于是想方法省略那三个讨厌的字，例如"楼上正中一间大会议厅"，可以说"楼上正中是——"，"楼上有——"，"——在楼的正中"，但我用第一句，盼望给读者整个的印象，或者说更具体的印象。再有，不从景物自身而从游人说，例如"天尽头处偶尔看见一架半架风车"。若能将静的变为动的，那当然更乐意，例如"他的左胳膊底下钻出一个孩子"（画中人物）。不过这些也无非雕虫小技罢了。书中用华里英尺，当时为的英里合华里容易，英尺合华尺麻烦些；而英里合华里数目大，便更见其远，英尺合华尺数目小，怕不见其高，也是一个原因。这种不一致，也许没有多少道理，但也由它去吧。

书中取材，概未注明出处；因为不是高文典册，无需乎小题大做耳。

出国之初给叶圣陶兄的两封信，记述哈尔滨与西伯利亚的情形的，也附在这里。

让我谢谢国立清华大学，不靠她，我不能上欧洲去。谢谢李健吾，吴达元，汪梧封，秦善鋆四位先生；没有他们指引，巴黎定看不好，而本书最占篇幅的巴黎游记也定写不出。谢谢叶圣陶兄，他老是鼓励我写下去，现在又辛苦地给校大样。谢谢开明书店，他们愿意给我印这本插了许多图的小书。

朱自清不是去过的每一个欧洲城市都写一篇游记的，在滑铁卢、布鲁塞尔、日内瓦、米兰、布林迪西等城市，他就没有写游记。如果说没有写一篇关于伦敦的游记，是因为有计划地要写一本《伦敦杂记》还可以说得通，其他城市没有专文记述，可能是资料不足或参观时用心不够吧，用序言里的话，对于其他城市，不过是"目游"而已。

正如朱自清在《欧游杂记》序言中所说的那样，这本书是专门为中学生写的，所以用词造句都是口语，文风亲切自然，且细腻委婉；构思也新颖别致，避免了平铺直叙，有一种情趣之美和温和之美。该书由开明书店于 1934 年 9 月出版后，很受读者的欢迎，特别是中学生读者，很快就印了第二版。

关于《伦敦杂记》

　　朱自清在伦敦的时间长，书却比《欧游杂记》还薄，用今天的电脑统计字数，还不到 3 万字。按说他在伦敦经历了那么多，完全可以写一本比《欧游杂记》还要厚重的书，内容也更为丰富、多彩和庞杂。但最终拿出来的却是一本小册子，不免让人读来不过瘾。读他《伦敦杂记》一书的自序，得知他原本也想写一本比《欧游杂记》还要多些的。没有多写的原因，朱自清在自序中也略有说明："当时自己觉得在英国住得久些，尤其是伦敦这地方，该可以写得详尽些。动手写的时候，虽然也参考裴歹克的《伦敦指南》，但大部分还是凭自己的经验和记忆。可是动手写的时候已经在回国两三年之后，记忆已经不够新鲜的，兴趣也已经不够活泼的。——自己却总还认真地写下去。有一天，看见《华北日报》上有记载伦敦拉衣恩司公司的文字，著者的署名已经忘记。自己在《吃的》那一篇里也写了拉衣恩司食堂；但看了人家原原本本的叙述，惭愧自己知道的真太少。从此便有搁笔之意，写得就慢了。抗战后才真搁了笔。"从这段文字中我们知道他没有多写的原因，虽然早已有了"搁笔之意"，但毕竟还没有搁笔，也不过"写得慢了"而已。真正让他搁笔的，是抗日战争的开始。

朱自清是从 1934 年 10 月 27 日，动手写作《伦敦杂记》里的第一篇《三家书店——伦敦杂记之一》的。从一开始，他就确定了这本书的写作模式，就是杂记，和《欧游杂记》的区别在于，更多些"人情味"，以身边的人物和小事为主了。比如首篇的《三家书店》，就是写他经常光顾的三家旧书店，而没有大而话之地写整个伦敦的出版业或大书店。该文发表在 1935 年 1 月 1 日出版的《中学生》第 51 号上。本年 11 月 13 日，朱自清日记云："开明送来《伦敦杂记》第一部分稿费十八元。"本年 12 月 17 日，在写作第二篇《圣诞节风俗一斑——伦敦杂记之二》时，干脆把杂碎的"一斑"用在了标题上。当然，在收入《伦敦杂记》时，就改名《圣诞节》了。而在朱自清本月 15 日的日记里，标题又叫《英国的圣诞节》，且一连三天，朱自清都在写这篇随笔。在 17 日的日记中说："完成随笔，很简短。"该文发表在 1935 年 2 月 1 日出版的《中学生》第 52 号上。1935 年 2 月 4 日，朱自清日记里说："写《伦敦杂记》第三章，谈伦敦的食品。"事实上，这篇关于食品的随笔，在把稿子交出去的时候，改题目为《吃的——伦敦杂记之三》。该文发表在1935年3月1日出版的《中学生》第53号上。本年3月21日，朱自清日记云："写伦敦《作者之家》。进度颇慢。"23日日记云："写完《作者之家》。"该文在本年5月1日出版的《中学生》第55号上发表时，改作《文人宅——伦敦杂记之四》。本年4月11日，朱自清日记曰："写关于伦敦《加尔东尼市场》的短文。"这也是一篇"杂记"式的文章，却没有在《中学生》上发表，可能是文章太短了吧，朱自清把文章交给了《大公报》的《文艺副刊》，并发表在该副刊的第147期上，题目叫《记伦敦加尔东尼市场》，署名佩弦，收入《伦敦杂记》时，改名《加尔东尼市场》。本年10月26日，朱自清日记曰："开始写《伦敦杂记》第六篇。"该文即《乞丐——伦敦杂记之五》，发表在本年12月1日出版的《中学生》第60号上。本年12月12日，朱自清在日记中说："写一篇有关伦敦公园的随笔。"这篇文章也没有给《中学生》发表，而是给了《文学》，并于1936年发表在第6卷第2期上，收入《伦敦杂记》时，改名《公园》。1936年9月27日，朱自清日记云："挖空心思写《伦敦杂记》，徒然。"本年10月10日，朱自清日记曰："写出《伦敦杂记》之一部。"11日："写《伦敦杂记》。"18日："写《伦敦杂记》。"19日："继续写《伦敦杂记》。"这篇花费半个多月的"杂记",就是那篇《博物院》,该文发表于本年12月1日出版的《中学生》第70号上,题目为《博物院——伦敦杂记之七》。1937年4月27日,朱自清日记云:"开始写随笔《房东太太》。"28日:"写成《房东太太》。"该文发表于《文学杂志》第1卷第2期上。这些文章,在收入《伦敦杂记》时,标题都重新做了改动,成为现在我们看到的标题。

朱自清在《伦敦杂记》的自序里,约略说明了这些文章的写作方法:"我还是抱着写《欧游杂记》的态度,就是避免'我'的出现。'身边琐事'还是没有,浪漫的异域感也还是没有。并不一定讨厌这些。只因新到异国还摸不着头脑,又不曾交往异国的朋友,身边一些琐事差不多都是国内带去的,写出来无非老调儿。异域感也不是没有,只因已入中年,不够浪漫的。为此只能老老实实写出所见所闻,像新闻的报道一般;可是写得太认真,又不能像新闻报道那么轻快,真是无可如何的。游记也许还是让'我'出现,随便些的好;但是我已经来不及了。但是这九篇里写活着的人的比较多些,如《乞丐》《圣诞节》《房东太太》,也许人情要比《欧游杂记》里多些罢。"

如果不是抗日战争的爆发,朱自清关于伦敦的文章,可能还会写几篇,分量也许会和《欧游杂记》差不多。其实,在抗日战争爆发前,出版《中学生》杂志的开明书店已经意识到这一点，把朱自清的稿子边发表边排成书样。朱自清在自序中说："记得'七七'前不久开明的朋友还来信催我赶快完成这本书，说免得彼此损失。但是抗战开始了，开明印刷厂让敌人的炮火毁了，那排好的《杂记》版也就跟着葬在灰里了。"紧接着，就是逃离北平，朱自清和在北平的大部分学者、教授一样，纷纷南下，先到长沙再到南岳再到昆明，那排好的《伦敦杂记》便从此杳无音讯。直到1943年春天，朱自清在整理书籍时，发现了书堆里的九篇稿子，看着这些手稿，朱自清百感交集，在自序中说："这是抗战那年从北平带出来的，跟着我走了不少路，陪着我这几年——有一篇已经残缺了。我重读这些文字，不免怀旧的感慨，又记起和开明的一段因缘，就交给开明印。承他们答应了，那残缺的一篇并已由叶圣陶先生设法抄补，感谢之至！只可惜图片印不出，恐怕更会显出我文字的笨拙来，这是很遗憾的。"

朱自清关于《伦敦杂记》的序言写于1943年3月8日、9日两天，发表于本年5月出版的《中学生》复刊第63号上。该书也于这年4月正式出版。至此，两本计划中的游记才算真正完成。

主要参考书目

朱乔森编:《朱自清全集》,江苏教育出版社 1988 年陆续出版。

姜建、吴为公著:《朱自清年谱》,光明日报出版社 2011 年 11 月第一版。

关坤英著:《朱自清评传》,北京燕山出版社 1995 年 10 月第一版。

朱自清、俞平伯、叶圣陶等著:《我们的七月》,亚东图书馆 1924 年 7 月版。

曹聚仁著:《听涛室人物谭》,生活·读书·新知三联书店 2007 年 8 月第一版。

曹聚仁著:《天一阁人物谭》,生活·读书·新知三联书店 2007 年 8 月第一版。

季羡林著：《清华园日记》，外语教学与研究出版社 2009 年 12 月第一版。

柳无忌著：《柳无忌散文选——古稀话旧》，中国友谊出版公司 1984 年 9 月第一版。

俞平伯、吴晗等著，张守常编：《最完整的人格——朱自清先生哀念集》，北京出版社 1988 年 8 月第一版。

浦江清著：《清华园日记　西行日记》，生活·读书·新知三联书店 1987 年 6 月第一版。

王保生著：《沈从文评传》，重庆出版社 1995 年 11 月第一版。

吴世勇编：《沈从文年谱》，天津人民出版社 2006 年 2 月第一版。

张菊香主编：《周作人年谱》，南开大学出版社 1985 年 9 月第一版。

朱自清著：《朱自清精品选》，中国书籍出版社 2014 年 6 月第一版。

林呐、徐柏容、郑法清主编：《朱自清散文选集》，百花文艺出版社 1986 年 8 月第一版。

朱金顺编：《朱自清研究资料》，北京师范大学出版社 1981 年 8 月第一版。

商金林编：《叶圣陶年谱》，江苏教育出版社 1986 年 12 月第一版。

　　陈武著:《俞平伯的诗书人生》,中国书籍出版社 2015 年 1 月第一版。

　　常丽洁校注:《朱自清旧体诗词校注》,人民出版社 2014 年 6 月第一版。

　　汪曾祺著:《汪曾祺文集》,广西人民出版社 2006 年 11 月第一版。

　　徐强著:《汪曾祺年谱长编》,稿本。

　　陈福康著:《郑振铎年谱》,三晋出版社 2008 年 10 月第一版。

　　黄裳著:《珠还记幸》,生活·读书·新知三联书店 2006 年 4 月第一版。

　　梅贻琦著:《梅贻琦日记 1941—1946》,清华大学出版社 2001 年第一版。

　　杨天石主编:《钱玄同日记》,北京大学出版社 2014 年 8 月第一版。

　　林徽因著:《林徽因的信》,群言出版社 2016 年 5 月第一版。

　　郁达夫著:《郁达夫日记》,广陵书社 2021 年 3 月第一版。

　　叶圣陶著:《叶圣陶集》,江苏教育出版社 1994 年 6 月第一版。

萧公权著：《萧公权文集》，中国人民大学出版社 2014 年 6 月第一版。

曹聚仁著：《我与我的世界》，人民文学出版社 1983 年 3 月第一版。

赵家璧著：《编辑生涯忆鲁迅》，人民文学出版社 1981 年 9 月第一版。

赵家璧著：《编辑忆旧》，生活·读书·新知三联书店 1984 年 8 月第一版。

赵家璧著：《回顾与展望》，山西人民出版社 1986 年 7 月第一版。

赵家璧著：《文坛故旧录——编辑忆旧续集》，生活·读书·新知三联书店 1991 年 6 月第一版。

朱乔森编：《朱自清爱情书信手迹》，江苏教育出版社 2001 年 2 月第一版。

徐强编：《长向文坛瞻背影》，广陵书社 2018 年 10 月第一版。

周锦著：《朱自清作品评述》，台北智燕出版社 1978 年 4 月版。

张漱菡著：《胡秋原传》，湖北人民出版社 2007 年 1 月版。

中华书局编辑部编：《学林漫录》（初集），中华书局 1980 年 6 月版。

丰子恺著：《丰子恺散文漫画精品集》，天地出版社 2018 年第一版。